RICARD

90 ANS D'OBJETS ICONIQUES
90 YEARS OF ICONIC OBJECTS

PRÉFACE DE PHILIBERT HUMM

GUILLAUME PICON

PHOTOGRAPHIES D'OLIVIER MORITZ

RICARD

90 ANS D'OBJETS ICONIQUES
90 YEARS OF ICONIC OBJECTS

ALBIN MICHEL

SOMMAIRE

TABLE OF CONTENTS

*La carafe à facettes Ricard est représentative du design publicitaire
des années 1950 et 1960. Sur cet exemplaire de 1953, le logo de la marque
est porté par le bleu et le jaune, les deux couleurs choisies par Paul Ricard.*
*The faceted Ricard carafe is typical of 1950s and 1960s advertising design.
On this 1953 model, the brand's logo features blue and yellow, the two colours
chosen by Paul Ricard.*

PRÉFACE

Par Philibert Humm, écrivain

Il n'est pas dans ce pays une brocante, un vide-grenier
qui se respecte, sans carafe Ricard. On la débusque
généralement, seule ou accompagnée, derrière un vieil appareil
à raclette, entre une collection de *Pif Gadget* et un assortiment
de Playmobil sans bras. Elle se tient là, souveraine, impassible,
belle comme au premier jour. Avec un peu de chance,
on trouvera non loin un lot de verres ballon et le fameux sucrier
boule sérigraphié. Ces objets font partie de notre patrimoine.
Ils auraient leur place au musée et certains cendriers Ricard
s'échangent déjà en salle des ventes. On s'étonne de ne pas
les trouver dans les *Mythologies* de Barthes, parmi Greta Garbo,
la Citroën DS, le bifteck-frites et *La Dame aux camélias*.
Pourtant, quelle mythologie plus française que l'apéro ? Et quel
apéro plus mythique que celui-ci ? C'est le génie de Paul Ricard,
son inventeur : être parvenu à faire de son nom propre un nom
commun. Et de ce nom commun la promesse de réjouissances.

Ricard. Le mot chante au palais comme à l'oreille et fait clapper
la langue. Deux voyelles, quatre consonnes qui offrent bien
des perspectives heureuses. Il suffit de les entendre pour se voir
aussitôt faire un carreau sous le soleil de Méditerranée.
Jamais le nom d'un apéritif n'aura eu un tel pouvoir évocateur.
Voyez ces coupelles à olives, voyez ce plateau jaune citron.
Ils se rappellent à notre bon souvenir, font grimper le mercure et
donnent l'accent. Ce sont des fragments d'été, des éclats
de soleil, des bribes de France... Car la France, messieurs-
dames, ce n'est pas seulement le château de Versailles, Marie
Curie, les poètes symbolistes ou Nicolas Poussin. C'est aussi
le saucisson à l'ail, la belote et les copains, n'en déplaise
aux esprits chagrins.

Considérons par exemple le bob Ricard. Il est à l'évidence bien
plus qu'un couvre-chef à bords mous. C'est une note d'intention,
un signe de ralliement, presque un cri de guerre ou plus

PREFACE

By Philibert Humm, writer

No self-respecting flea market or garage sale in France
is complete without a Ricard carafe. You'll usually spot one,
either on its own or with others, nestled behind an old *raclette*
machine, among some old comic books and a pile of one-armed
Playmobil figures. It stands there, majestic, impassive,
as beautiful as the day it was made. If you're lucky, you'll also
find a set of balloon glasses and the famous screen-printed
sugar bowl nearby.

These objects are part of our heritage. They deserve a place
in a museum—and in fact, some Ricard ashtrays are already
fetching decent prices at auction. One wonders why they didn't
make it into *Mythologies*, Roland Barthes' classic 1957 study
of French cultural icons, alongside Greta Garbo, the Citroën DS,
steak-frites, or Dumas' *The Lady of the Camellias*. After all, what
epitomizes French mythology more than the aperitif? And what
aperitif is more iconic than this one? That was Paul Ricard's
genius: turning his own surname into a common noun—
and that common noun into a promise of good times.

Ricard. The word itself—pronounced *Rrrricaaarrrrd*,
with an almost silent 'd'— rolls off the tongue and rings in the ear.
Two vowels, four consonants, and endless happy associations.
Just hearing it is enough to transport you to a tiled terrace
under the Mediterranean sun. The name of no other aperitif
has such evocative power. Look at those little olive dishes,
that lemon-yellow tray. They conjure up fond memories, raise
the temperature, lend us a southern accent. They're fragments
of summer, shards of sunshine, bits of France itself. Because
France, ladies and gentlemen, is not just the Château
de Versailles, Marie Curie, the Symbolist poets or Nicolas
Poussin. It's also garlic sausage, [the card game] *belote,* and
good friends—however much that may annoy the killjoys.
Take the Ricard bucket hat. It is clearly far more than just

Fanions Ricard en cours de distribution.
Ricard flags being distributed.

Une nature morte qui aurait pu être peinte par le jeune Paul Ricard en 1929.
This composition bears a striking resemblance to a still life painted
by the young Paul Ricard in 1929.

sûrement un cri de paix. Il dit l'envie de sortir prendre l'air, d'aller chasser le papillon ou taquiner l'ablette, de lever le coude et le nez au vent, mais surtout, de ne pas trop se prendre au sérieux. Qui porte un bob Ricard ne peut être foncièrement mauvais, c'est un fait. A-t-on jamais vu de dictateur en bob Ricard ? À l'évidence, non.

Pendules estampillées, jeux de cartes, pistes de dés et jetons, convoquent en nous ce même esprit taquin, galéjeur, résolument marseillais, infiniment français. Il ne s'agit pas d'images convenues ou de passéisme, mais d'amour des choses simples. C'est pour cela que nous aimons tant ces objets : pour ce qu'ils charrient d'insouciance joyeuse. Nous les aimons aussi pour leur modestie. À la fois fonctionnels et publicitaires, ils n'ont pas été fabriqués pour être précieux. Et si certains d'entre eux le sont devenus, c'est presque malgré eux, par inadvertance, à force de constance, de robustesse et de longévité.

Le temps passant, et l'eau coulant sur les pentes du Garlaban, ces objets promotionnels ont glissé du comptoir au salon, de l'utilitaire au collectionnable. Certaines carafes sont devenues soliflores et les plaques émaillées s'arrachent à prix d'or. On s'aperçoit soudain combien leur motif était original, leurs lignes pures, leurs couleurs chatoyantes. On les regardait à peine, désormais on ne voit qu'elles. L'art est toujours affaire de regard.

Il fallait ce livre pour leur rendre enfin les honneurs. N'attendez pas de catalogue raisonné, mais une forme d'hommage. Hommage à un pan entier de la culture bistronomique française, trop souvent négligée, trop souvent méprisée. Reconnaissance aussi du génie modeste de ces objets, de leur capacité à traverser les années sans s'altérer ni perdre de leur charme. Dans ces pages, ils retrouvent leur dignité, leur éclat. Ensemble célébrons Ricard et ses mille et un colifichets. Garçon, s'il vous plaît, remettez-nous ce que vous savez !

a floppy-brimmed piece of headwear; it's a statement of intent, a rallying sign, almost a battle cry—or more likely, a call for peace. It speaks of wanting to go outdoors for some fresh air, to chase butterflies or tickle for fish, to raise a glass with the wind in your face and, above all, not to take oneself too seriously. Nobody wearing a Ricard bucket hat can be fundamentally bad. That's a fact. Have you ever seen a dictator in a Ricard bucket hat? Obviously not.

Stamped clocks, playing cards, dice trays and gaming chips all summon that same cheeky, jokey, resolutely Marseille and profoundly French spirit. This isn't about tired clichés or nostalgia; it's about love for simple things. That's why we adore these objects: because they carry with them a joyful levity. We also love them for their modesty. At once functional and promotional, they were never meant to be precious. If some have become so, it's almost by accident—thanks to their sturdiness, consistency, and longevity.

As time has passed—and water has flowed down the slopes of the Garlaban hills—these promotional objects have moved from the bar counter to the living room, from the utilitarian to the collectable. Some carafes are now used as single-stem vases, while enamel signs fetch top prices. Suddenly we notice how original their designs are, how clean their lines, how vibrant their colors. We barely used to look at them; now we see nothing else. Art is always about how you look at things.

This book was needed to finally give them their due. Don't expect a scholarly catalogue, but rather a kind of homage, a tribute to a whole section of French bistro culture that's too often neglected, too often scorned. It's an acknowledgment of these objects' modest genius, their ability to withstand the years without losing their charm or appeal. In these pages, they regain their dignity, their sparkle. Together, let's celebrate Ricard and its thousand and one little treasures. Waiter! You know we want!

Fabriqué en un petit nombre d'exemplaires, le cendrier au pêcheur est une pièce rare, très recherchée par les collectionneurs.

Produced in small numbers, the fisherman ashtray is a rare piece highly sought after by collectors.

En 1960, à la descente du paquebot Koutoubia, Paul Ricard est porté en triomphe par ses salariés pour le remercier de la croisière qu'il leur a offerte vers l'île d'Elbe et la Corse.

In 1960, as the Koutoubia liner docked, Paul Ricard was carried in triumph by his employees to thank him for the cruise he had given them to Elba and Corsica.

Bouteilles publicitaires de différentes tailles, plaques émaillées, affichettes, fanions, cendrier, publicité sur le lieu de vente reprenant la bouteille, le broc et un verre... Le patron et les clients de ce bar de Limoges apprécient le pastis!

Promotional bottles in various sizes, enamel plaques, posters, pennants, ashtray, point-of-sale display featuring the bottle, pitcher and glass... The owner and patrons of this bar in Limoges are clearly fond of pastis.

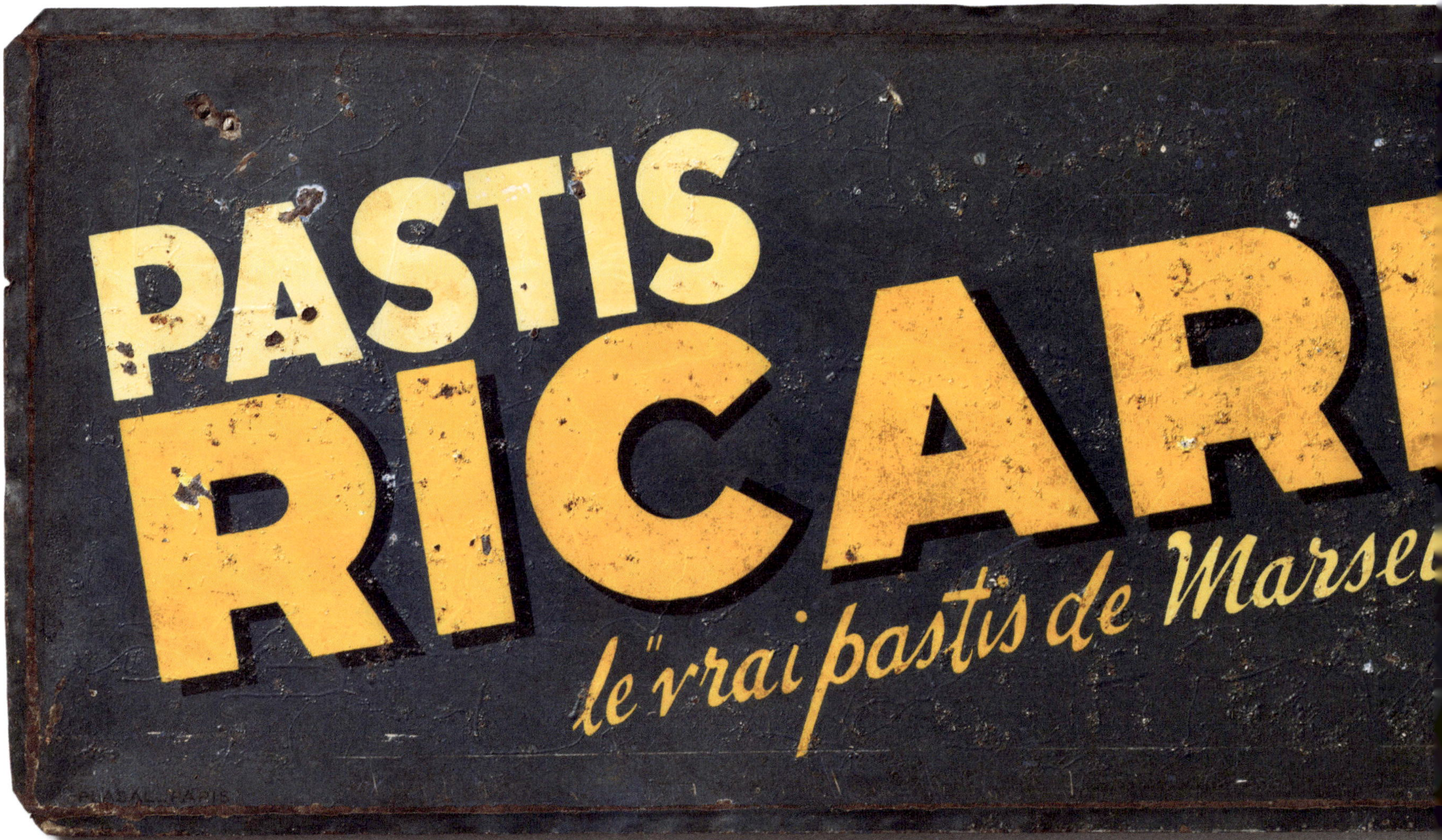
PASTIS
RICAR
le "vrai pastis de Marse

Plaque publicitaire Ricard, vers 1950, arborant le célèbre slogan «le vrai pastis de Marseille!», qui incarne l'identité visuelle ensoleillée et affirmée Ricard.
Ricard advertizsng plaque, circa 1950, with the famous slogan "le vrai pastis de Marseille" (the real pastis of Marseille), embodying Ricard's sunny, assertive visual identity.

1
—

RICARD, « LE VRAI PASTIS DE MARSEILLE »

RICARD, "THE REAL PASTIS OF MARSEILLE"

INTRODUCTION

LA NAISSANCE D'UNE MARQUE

L'histoire de Paul Ricard (1909-1997) et celle de l'entreprise éponyme qu'il a créée sont déjà bien connues. Pourtant, la trajectoire de cet homme hors du commun ne cesse d'étonner. Inventeur du «vrai pastis de Marseille», son sens inné de la communication lui permet de prendre rapidement l'ascendant sur ses concurrents. Les ventes suivent rapidement une courbe exponentielle...

Jacques Séguéla, l'un des fondateurs de l'agence de communication RSCG, depuis devenue Havas, affirme : «[Paul Ricard], mon maître à penser en pub. C'est l'un des bâtisseurs de mon métier, il a fait sa révolution, la faisant passer de la réclame à la publicité.»

De fait, Paul Ricard a compris avant d'autres que «proclamer qu'un produit est bon» ne suffisait plus et qu'il fallait lui «donner une âme». Cette intuition est à l'origine d'un succès qui perdure, succès dont les raisons sont toujours riches d'enseignements. À Michaël Merolli, ancien directeur marketing Ricard, qui déclarait au début de la décennie 2010 : «C'est toute la puissance de cette marque d'être universelle, à la fois premium et populaire, et de savoir s'adapter à ses différents publics», Alexandre Ricard, actuel président-directeur général de Pernod Ricard, répond près de quinze plus tard : «Dessinez les contours d'un verre ballon ou d'un broc en terre cuite aux formes rebondies, ils seront immédiatement associés à la marque Ricard dans l'imaginaire collectif, avec une certaine dose d'affection d'ailleurs, y compris chez celles et ceux qui ne boivent pas de pastis.»

Récemment, Éric Dupont-Moretti, avocat pénaliste et ancien garde des Sceaux, ministre de la Justice de 2020 à 2024, répondait à Ali Badou dans son émission du 6 juin 2025 sur France Inter : «Il faut que les jurés aient envie de vous

THE BIRTH OF A BRAND

The story of Paul Ricard (1909–1997) and the company that bears his name is already well known. Yet the path taken by this extraordinary man never ceases to impress. As the inventor of *"le vrai pastis de Marseille"* (the real pastis of Marseille), his innate gift for marketing allowed him to quickly outpace his competitors. Sales soon followed an exponential curve.

Jacques Séguéla, one of the founders of the advertising agency RSCG (which later became Havas), once said: "Paul Ricard was my mentor in advertising. He was one of the architects of my profession—he led a revolution, transforming it from simple advertising copy to real marketing."

Indeed, Paul Ricard understood before others that simply *claiming* a product was good was no longer enough; you had to give it a soul. This intuition underpins a lasting success whose lessons remain instructive to this day.

In the early 2010s Michaël Merolli, Ricard's former marketing director, said: "The great strength of this brand is that it's universal, both premium and popular, and knows how to adapt to different audiences." A sentiment echoed almost fifteen years later when Alexandre Ricard, now chairman and CEO of Pernod Ricard, said: "If you sketch the outline of a balloon glass or a round-bellied earthenware pitcher, people will immediately associate it with the Ricard brand—and with a certain affection too, even among those who don't drink pastis."

On 6 June 2025, Éric Dupont-Moretti, a criminal lawyer who served as France's Justice Minister from 2020 to 2024 told a radio interviewer: "You need the jurors to want to follow you. You have to create a sort of connection with them.

suivre. Il faut que vous créiez entre eux et vous une sorte de communion. J'ai toujours dit que je voulais que les jurés aient envie de boire un Ricard avec moi. Pas du champagne. Donc une forme de proximité. Et c'est ça qui permet, au fond, de dire les choses ensuite. Parce que l'éloquence, ça n'est que l'emballage, le papier cadeau.» Hommage qui n'aurait pas déplu à Paul Ricard !

I always said I wanted the jurors to want to drink a Ricard with me. Not champagne. So it's about closeness. And that's what lets you really speak your mind in the end. Because eloquence is just the wrapping, the gift paper."
A tribute Paul Ricard himself would surely have appreciated.

«DESSINEZ LES CONTOURS D'UN VERRE BALLON OU D'UN BROC EN TERRE CUITE AUX FORMES REBONDIES, ILS SERONT IMMÉDIATEMENT ASSOCIÉS À LA MARQUE RICARD DANS L'IMAGINAIRE COLLECTIF, AVEC UNE CERTAINE DOSE D'AFFECTION D'AILLEURS, Y COMPRIS CHEZ CELLES ET CEUX QUI NE BOIVENT PAS DE PASTIS.»

"IF YOU SKETCH THE OUTLINE OF A BALLOON GLASS OR A ROUND-BELLIED EARTHENWARE PITCHER, PEOPLE WILL IMMEDIATELY ASSOCIATE IT WITH THE RICARD BRAND – AND WITH A CERTAIN AFFECTION TOO, EVEN AMONG THOSE WHO DON'T DRINK PASTIS."

En haut : Camion de livraison devant l'entrée de l'usine Ricard de Sainte-Marthe.
Top: Delivery trucks at the entrance of the Ricard factory in Sainte-Marthe (pre-1938).

En bas : Ouvriers transportant à l'épaule des caisses de bouteilles Ricard à Sainte-Marthe (Marseille) vers 1950, sur le site historique de la marque.
Bottom: Workers carrying crates of Ricard at the company's historic home in Sainte-Marthe (circa 1950).

PAUL RICARD, UN ENTREPRENEUR MARSEILLAIS

PAUL RICARD, A MARSEILLE ENTREPRENEUR

Dans ses mémoires publiées en 1983 sous le titre *La Passion de créer*, Paul Ricard revient sur les circonstances dans lesquelles il a inventé « le vrai pastis de Marseille ». Travaillant avec son père, négociant en vin, il évoque le petit monde des cafés tel qu'il l'a connu dans les années 1920. « Dans les cafés de Marseille, on buvait cette fameuse boisson anisée que le vieil Espanet m'avait fait goûter le jour du Beausset et qui se troublait dans le verre en frissonnant sous le filet d'eau fraîche. Elle s'appelait, selon les lieux, pataclé, pastis, machin, truc, tisane, lait de tigre… Elle portait beaucoup d'autres noms que j'ai oubliés et dont l'abondance n'avait qu'une explication : tous ces produits étaient débités clandestinement ; les boissons anisées, assimilées à l'absinthe,

In his 1983 memoirs, *La Passion de Créer* (A Passion for Creation), Paul Ricard recalls the circumstances in which he invented "the real pastis of Marseille." Working with his father, a wine merchant, he describes the small café world as he knew it in the 1920s:

"In the cafés of Marseille, people drank that famous aniseed drink that old Espanet had made me taste one market day in Le Beausset. It would go cloudy in the glass, shivering as the trickle of cold water hit it. Depending on the place, it was called *pataclé*, pastis, thingamajig, whatsit, tisane, tiger's milk… It had plenty of other names I've forgotten, and there was only one explanation for that abundance: all these products

Dépliant informatif à destination des patrons de bars, bistrots et cafés, réalisé pour la campagne publicitaire 1939, présentant en deux volets les arguments de vente et conseils de service pour promouvoir au mieux le pastis Ricard.

Informative leaflet for bar-, bistro- and café-owners, produced for the 1939 advertising campaign, presenting in two sections sales pitches and service advice to best promote Ricard pastis.

Ste MARTHE - MARSEILLE

Camions de livraison dans la cour de la société Ricard à Sainte-Marthe (Marseille).
Delivery trucks in the yard of Ricard's headquarters in Marseille's Sainte-Marthe neighborhood.

faisaient l'objet d'une interdiction depuis 1915, le Parlement ayant voté une loi qui en prohibait la fabrication, la vente et la consommation.» Comme le rappelle l'exposition RICARD SA au musée des arts décoratifs en 2012, le décret du 24 octobre 1922 a fixé les caractères des liqueurs «similaires» de l'absinthe, en particulier titrer moins de 40°, contenir du sucre et ne pas louchir. Les consommateurs du Midi n'appréciant guère ces anis doux, la fraude s'organise alors et oblige l'État à légaliser les anis secs à 40°, par un décret du 31 mars 1932.
Entretemps, Paul Ricard avait transformé en laboratoire une pièce située au-dessus du bureau paternel. Il y avait installé un alambic, «avec des ballons de verre et un serpentin modelé sur un bec Bunsen». «Je commençai à m'y livrer à des expériences de distillation, de rectification, de macération. Car j'avais eu entretemps ma troisième idée. La bonne.»
«D'abord, il me fallait fabriquer un alcool le plus pur possible avec mon alambic. En distillant du vin de la maison, bien sûr, en le distillant et le redistillant jusqu'à élimination de tous les éthers, de toutes les impuretés; il devait être aussi neutre que possible. Deuxième opération, le couper d'une eau, très pure elle aussi, pour le ramener au degré favorisant la dissolution idéale de l'essence d'anis et, d'autre part, l'obtention d'un louchissement de belle couleur lorsque le produit serait mélangé à l'eau fraîche. [...] En ai-je fait, des mélanges! En ai-je fait macérer des herbes, des graines de fenouil, d'anis! En ai-je distillé et utilisé de l'alcool.»
«Mais, plus mes tests se poursuivaient, plus je me persuadais que j'avais enfin trouvé le secret de la réussite. Le produit étant créé, restait à lui trouver un nom. Pastis, bien sûr, pour profiter de l'appellation populaire parmi toutes celles dont on affublait la boisson clandestine. Mais Pastis quoi? [...] Ce sera "Ricard, le vrai pastis de Marseille"!»

La commercialisation peut commencer! Lorsque, dès 1933, les représentants se lanceront à l'assaut des bars de Marseille, puis de la France entière, ils auront à cœur de faire de leur pastis un produit incontournable pour les gérants. Ils vanteront le Ricard, le vainqueur de la soif qui permet

were sold illegally. Aniseed drinks, classed alongside absinthe, had been banned since 1915, when Parliament passed a law prohibiting their production, sale and consumption."

As the 2012 exhibition RICARD SA at the Musée des Arts Décoratifs reminded visitors, a decree adopted on 24 October 1922 set the rules for absinthe-like liqueurs: their alcohol content had to be under 40%, they had to contain sugar and not turn cloudy. Southern consumers didn't care for these sweet anise drinks, so fraud became widespread and forced the state to legalize dry aniseed spirits at 40% alcohol with a decree adopted on 31 March 1932.

In the meantime, Paul Ricard had turned a room above his father's office into a lab. He installed a still there, "with glass flasks and a coil shaped over a Bunsen burner. I began experimenting with distillation, rectification, and maceration. Because in the meantime I'd had my third idea. The good one… First, I needed to produce the purest alcohol possible with my still. By distilling wine from the family business, of course, distilling and redistilling it until all the ethers and impurities were removed; it had to be as neutral as possible. The second step was to cut it with water—very pure water too—to bring it to the right strength for dissolving the anise essence perfectly, and for achieving a beautiful, opalescent cloudiness when mixed with cold water. [...] I made so many mixtures! I macerated so many herbs, fennel seeds, anise seeds! I used and distilled so much alcohol.

"But the more tests I ran, the more convinced I became that I had finally found the secret to success. Once the product was created, it still needed a name. 'Pastis', of course, to make use of the popular term among all the names for bootleg. But Pastis what? [...] It would be 'Ricard, the real pastis of Marseille'!"

Marketing could begin! As early as 1933, when the sales reps set out to conquer the bars of Marseille, and then all of France, they were determined to make their pastis an essential for bar

de vendre une cinquantaine de verres, contre une quinzaine seulement avec un autre apéritif. L'une des principales caractéristiques de la boisson que Paul Ricard a mise au point en 1932 est sa couleur : alors que les pastis traditionnels sont blancs, le sien est doré. Ce jaune d'or, deviendra «jaune citron» comme il l'explique lui-même : «Les deux couleurs que j'avais retenues, le bleu et le jaune, symbolisant le ciel et le soleil, ajoutant un message au simple intitulé de notre nom. Au début, j'avais utilisé l'or, mais je me rendis compte qu'il était moins éclatant qu'un beau jaune citron.»

owners. They promoted Ricard as the thirst-quencher that could yield about fifty glasses per bottle, compared with only fifteen for other aperitifs.
One of the main features of the drink Paul Ricard developed in 1932 was its color: while traditional pastis was white, his was golden. That golden yellow eventually became "lemon yellow," as he himself explained: "The two colors I chose—blue and yellow—symbolized the sky and the sun, adding a message to our simple brand name. At first I used gold, but I realized it was less striking than a beautiful lemon yellow.

LES DEUX COULEURS QUE J'AVAIS RETENUES, LE BLEU ET LE JAUNE, SYMBOLISANT LE CIEL ET LE SOLEIL, AJOUTANT UN MESSAGE AU SIMPLE INTITULÉ DE NOTRE NOM.

THE TWO COLORS I CHOSE – BLUE AND YELLOW – SYMBOLIZED THE SKY AND THE SUN, ADDING A MESSAGE TO OUR SIMPLE BRAND NAME.

Le succès est rapide. Paul Ricard l'explique avec lucidité : «Notre maison bénéficie d'une sympathie générale dont elle est à juste raison fière. Mais soyons francs, ce n'est pas seulement pour nous faire plaisir que le consommateur réclame du Ricard et que le débitant multiplie ses commandes. Le consommateur préfère le Ricard parce qu'il est meilleur et ses adeptes du début sont encore ses fidèles. Le débitant, lui, choisit Ricard parce qu'il veut satisfaire ses clients et qu'il apprécie l'amabilité de nos représentants, la politesse de nos livreurs et la régularité de nos services administratifs. Notre unique souci est donc et demeure : clientèle d'abord!» Reste à confirmer cette image de marque naissante et à poursuivre le développement de l'entreprise.

Success came quickly. Paul Ricard explained it succinctly: "Our company enjoys a broad goodwill that it is rightly proud of. But let's be honest: customers don't ask for Ricard and bar owners don't keep ordering it just to please us. Customers prefer Ricard because it tastes better, and those early fans have stayed loyal. The bar owner chooses Ricard because he wants to keep his customers happy and he appreciates the courtesy of our sales reps, the politeness of our delivery drivers, and the reliability of our administrative services. So our only concern then and now is this: the customer comes first!"
But that budding brand image still needed to be reinforced, and the company had to keep expanding.

À gauche (haut et bas) : Ouvrières façonnant manuellement des cendriers en céramique, mise en cuisson dans les fours puis alignement des pièces finies estampillées « Ricard » dans l'Atelier de céramique Ricard au rez-de-chaussée du siège de la société Ricard de Sainte-Marthe (années 1950).
Top and bottom left: Workers shaping ceramic ashtrays by hand and the finished products inside the Ricard ceramics workshop located on the ground floor of the Ricard headquarters, in the Saint-Marthe factory.

À droite (haut et bas): Céramiste dégageant un cendrier Ricard de son moule et des ouvrières disposant les pièces dans les fours pour la cuisson dans l'Atelier de céramique de l'entreprise Ricard de Sainte-Marthe dans les années 1960.
Top and bottom right: Ceramist removing a Ricard ashtray from its mold and workers arranging the pieces in kilns for firing in the ceramics workshop of the Ricard company factory in Sainte-Marthe (1960s.).

1.2

DE LA RÉCLAME À LA PUBLICITÉ

FINESSING THE MESSAGE

Ne se laissant pas griser par ses premiers succès, Paul Ricard se fixe un objectif ambitieux : « Ancrer la marque dans les yeux et dans les esprits devenait ma préoccupation majeure, je la poussais jusqu'à l'obsession. » Et, de fait, les commerciaux partent à la conquête du Grand Sud : Sète, Toulon, Nice, Toulouse, Carcassonne, Nîmes, Avignon, Valence, Lyon, Grenoble, Chambéry, Saint-Étienne… Les voies de l'Espagne et de l'Italie s'ouvrent bientôt, avec la prise de Barcelone et Milan ! Ne dissimulant pas ses ambitions, Paul Ricard est décidé à « faire que le mot "Ricard" supplante le mot "pastis", qu'il devienne un nom commun et figure un jour comme son substitut dans le dictionnaire des synonymes. La marque devait tellement être vue partout que même une personne ne sachant pas lire reconnaîtrait notre Ricard au seul aspect des grandes lettres jaunes ombrées de noir sur fond bleu… » Face aux contraintes que lui impose la législation, l'homme ne se laisse pas désarmer : « L'interdiction de la pub qui pouvait apparaître comme un redoutable handicap fut en réalité un atout secret qui nous obligeait à exercer notre imagination pour nous faire connaître coûte que coûte. » Il est vrai qu'il dispose de solides atouts : « une saveur de Provence,

Not letting early success go to his head, Paul Ricard set himself an ambitious goal: "Embedding the brand in people's eyes and minds became my top priority. I pushed it to the point of obsession."
His sales teams set out to conquer the entire South: Sète, Toulon, Nice, Toulouse, Carcassonne, Nîmes, Avignon, Valence, Lyon, Grenoble, Chambéry, Saint-Étienne… Soon enough, doors opened to Spain and Italy, with moves into Barcelona and Milan. He made no secret of his ambitions. He was determined to "make the word 'Ricard' replace the word 'pastis,' to turn it into a generic term that would one day appear in the thesaurus as its synonym. The brand had to be so visible everywhere that even someone who couldn't read would recognize our Ricard from the big yellow letters shaded in black on a blue background."
Strict legal restrictions did nothing to dampen Paul Ricard's determination: "The ban on advertising that might have seemed like a terrible handicap actually turned into a blessing in disguise, forcing us to use our imagination to get our name out there no matter what."

LA MARQUE DEVAIT TELLEMENT ÊTRE VUE PARTOUT QUE MÊME UNE PERSONNE NE SACHANT PAS LIRE RECONNAÎTRAIT NOTRE RICARD.

THE BRAND HAD TO BE SO VISIBLE EVERYWHERE THAT EVEN SOMEONE WHO COULDN'T READ WOULD RECOGNIZE OUR RICARD.

Différentes étapes de la production artisanale de cendriers dans les ateliers Ricard de Sainte-Marthe.
Various stages of ashtray production in Ricard's Sainte-Marthe factory.

Graphiste dessinant à la main une étiquette Ricard au studio de création,
et feuille d'étiquettes en cours d'impression sur presse dans l'atelier
de fabrication vers 1950.

*An artist drawing a Ricard label in the design studio and (right and below)
labels being printed and cut (circa 1950).*

Albert Bataille, directeur du studio, présente à son équipe de graphistes
le projet d'affiche Ricard au studio, vers 1955.

*Studio director Albert Bataille shows a Ricard poster project to his team
of artists (circa 1955).*

Publicité Ricard insérée dans France-Magazine n° 39 du 26 décembre 1939,
illustrant la bonne entente franco-britannique entre deux soldats trinquant
à l'occasion de Noël.
*Ricard advertisement inserted in France-Magazine n° 39 of 26 December 1939,
illustrating seasonal bonhomie between French and British troops.*

Maquette d'affiche peinte à la gouache signée par Paul Ricard.
Mock-up of a poster painted in guache by Paul Ricard.

Ci-dessus et page de droite, en bas : Publicité presse Ricard insérée
dans Le Petit Journal du 12 juillet 1939, vantant l'essor national
du « vrai pastis de Marseille » auprès des débitants et consommateurs.
*Above and bottom of facing page: Ricard press advertisement inserted
in Le Petit Journal on 12 July 1939, extolling the national popularity
of "le vrai pastis de Marseille" among tobacconists and consumers.*

FRANCE
Magazine
"MERRY CHRISTMAS, POILU"
"BONNE ANNEE, TOMMY..."
Plus que jamais, l'entente est complète entre Anglais et Français, et les deux frères d'armes trinquent à la Victoire prochaine en dégustant joyeusement leur Ricard le vrai pastis de Marseille.
A LA MARSEILLAISE
bien entendu
RICARD
LE VRAI PASTIS DE MARSEILLE
L'EXPRESSION FAROUCHE DE CE TIRAILLEUR DIT SA FIDÉLITÉ A LA PATRIE. C'EST LA GLOIRE DE LA FRANCE, SA FIERTÉ, UNE DES RAISONS DE SA CONFIANCE, QUE D'AVOIR SUSCITÉ DE TELS DÉVOUEMENTS SINCÈRES.
(28.953.)
MARDI 26 DÉCEMBRE 1939
PRIX : 2 FRANCS
N° 39
LE NOËL DE NOS SOLDATS
Pour 18 francs, offrez pendant 3 mois FRANCE-MAGAZINE à un de nos soldats. 13 semaines, 13 numéros, un heureux.

TOUTE LA FRANCE
boit LE
RICARD
LE VRAI PASTIS DE MARSEILLE
A LA MARSEILLAISE
c'est à dire
1 VOL. de RICARD et
5 VOL. d'EAU glacée
A PARIS
A LYON
A BORDEAUX
A MARSEILLE
Et la Fête continue
AUX ACCENTS DE LA "MARSEILLAISE",
LE RICARD COULE A FLOTS DANS TOUTE LA FRANCE.
A PARIS, comme à MARSEILLE, à LYON comme à BORDEAUX, dans les grandes villes comme dans les plus petits villages, les verres de RICARD se remplissent, se vident pour se remplir encore... servis bien entendu "à la Marseillaise", cette formule gaie, claire joyeuse... bien Française.
voici la seule étiquette authentique RICARD
RICARD
APÉRITIF 45° ANISÉ
MARSEILLE
ATTENTION AUX CONTREFAÇONS
RICARD
LE VRAI PASTIS DE MARSEILLE
DISTILLERIES A MARSEILLE Ste MARTHE
DÉPOTS A PARIS, LYON, TOULOUSE, CHAMBÉRY, GRENOBLE, CREST, NICE

Planche de «La merveilleuse histoire de Manosque», vers 1935, conçues pour raconter en images la genèse du pastis Ricard et renforcer l'ancrage provençal de la marque.
The comic strip "La merveilleuse histoire de Manosque" (The wonderful story of Manosque) that recounts the origins of Ricard pastis and reinforces the brand's Provençal roots (circa 1935).

de soleil, de mer, un goût de vacances, d'optimisme et d'accent du Midi».
Paul Ricard a conscience d'opérer une révolution en matière de communication :
«Eh bien, quand j'étais jeune on appelait ça de la réclame et moi j'ai commencé par faire de la publicité parce que la réclame c'était vanter un produit. Moi j'ai expliqué ce que c'était, c'était nouveau, c'est informer le public, informer comme une maison de verre, connaître la vérité, savoir ce qu'est le produit, d'où il vient, comment il est fait. Intéresser le public sur l'entreprise, sur son personnel, sur ses activités, sa façon de travailler, de servir le public le mieux possible. La publicité mensongère ne réussit pas, elle ne peut réussir qu'à un charlatan qui passe de foire en foire, mais qui ne revient plus. Parce qu'une marque ne peut pas tromper le public, et c'est pour cela que le public attache de l'importance à la marque, parce que pour lui la marque c'est une garantie.»

Pourtant la partie n'était pas gagnée d'avance. Vendre du Ricard nécessite d'imposer un mode de consommation particulier que résume un des premiers slogans martelés par les affiches et autres documents publicitaires : «Un volume de Ricard pour cinq volumes d'eau.» Autre information liée au rituel de dégustation : les glaçons «cassent» le pastis – le pastis contient de l'anéthol, un composé peu soluble dans l'eau qui forme des paillettes quand la température est inférieure à 0°C. Pour éviter ce phénomène, il faut d'abord verser l'eau. D'où le célèbre broc conçu par Paul Ricard lui-même et fabriqué à Aubagne puis à Saint-Uze, dans la Drôme. Autre innovation de Paul Ricard, «l'apéritif pour tous». Ainsi que le présente un dépliant destiné aux tenanciers de bar : «Ricard, le vrai pastis distillé selon un procédé unique, et mis en bouteille à Marseille. Servi à la marseillaise, il contentera le client, qui le paiera moins cher, et le débitant, qui en vendra plus!» Un bon produit, un bel argumentaire : restent l'engagement et l'opiniâtreté des vendeurs à qui Paul Ricard enjoint de se faire «un ami par jour» et qui travaillent sans relâche au développement des ventes.

He also knew he had a strong set of selling points: "A flavor of Provence, of sunshine, of the sea, a taste of holidays, optimism, and the accent of the South."

Paul Ricard was fully aware he was reinventing the approach to promoting a brand: "Well, when I was young, advertising was a rather crude business that just focussed on flogging a product. I wanted to do something new, more sophisticated, to explain what the product was. This meant informing the public with total transparency, letting them know the truth, what the product is, where it comes from, how it's made. Getting people interested in the company, its staff, its activities, its way of working, its commitment to serving the public as well as possible. False advertising doesn't work; it only works for charlatans who travel from fair to fair never to return. Because a brand can't deceive the public, and that's why people value brands: for them, a brand is a guarantee."

Still, it wasn't all plain sailing. Selling Ricard meant promoting a specific way of serving it, summed up in one of the earliest slogans on posters and other marketing materials: "One part Ricard to five parts water." There was also an important tip for the ritual of serving it: ice cubes "break" pastis. Pastis contains anethole, a compound with low solubility in water that forms flakes when the temperature drops below 32° Fahrenheit (0° Celsius). To avoid that, the water must be poured first. Hence the famous pitcher designed by Paul Ricard himself, made first in Aubagne and then in Saint-Uze in the Drôme. Another Paul Ricard innovation was the idea of "an aperitif for everyone." As a brochure for bar owners put it: "Ricard, the real pastis distilled using a unique method and bottled in Marseille. Served in the Marseille style, it will please your customers—who'll pay less for it—and bar owners, who'll sell more!" A good product and a strong sales pitch: what remained was the commitment and persistence of the salespeople, whom Paul Ricard urged to "make a friend a day" as they worked tirelessly to grow sales.

La merveilleuse HISTOIRE de MANOSQUE

Dans un village charmant de la merveilleuse Provence, était établi un modeste négociant. Il avait deux enfants, Paul et Pierre, qu'il chérissait. Lorsqu'il était satisfait de leurs notes de classe il les emmenait avec lui dans ses tournées en campagne.

C'est ainsi qu'un certain jour de juillet, ils se trouvaient tous trois du côté de Manosque. Le papa dit : « Ce soleil est torride, vous devez avoir soif, mes enfants... Allons donc boire un petit pastis avec beaucoup d'eau chez Espanné, ce vieux braconnier du Diable. »

Et tous trois se dirigèrent vers le mas réputé, perdu au milieu des roses rocailles, où l'on apercevait déjà le vieux braconnier, astiquant vigoureusement son fusil, à l'ombre du grand cyprès.

Que novi, s'écria-t-il en déposant son arme à l'arrivée des trois visiteurs, avec un soleil pareil, vous goûterez bien de mon pastis! »... Et tout le monde de se délecter du bon breuvage provençal en faveur depuis des siècles dans toute la région.

« J'avoue, dit le négociant au braconnier, que votre pastis est bien le meilleur que j'aie jamais bu... comment le faites-vous donc?... » Et Espanné emmena tout le monde dans la petite chambre qui lui servait d'usine ». Là, devant Paul et Pierre émerveillés...

...il montra et décrivit toutes les plantes aromatiques qu'il mettait à macérer dans les vieux alcools que déversait un gros pichet poussiéreux. « Dans quinze jours, je filtrerai... et voilà!... » En quittant le mas, Paul, plein d'admiration et d'enthousiasme s'écria : « Je serai fabricant de pastis, je ferai un apéritif qui révolutionnera le monde. »

Sa vocation était née. Aussi à dater de ce jour, sa récréation préférée fut le jeu des étiquettes. Il consistait à décorer de petites bouteilles vides avec des étiquettes qu'il peignait lui-même. Bleues ou jaunes, vertes ou rouges, toutes portaient calligraphiées : PASTIS RICARD.

Le temps passa. Bientôt ce fut le régiment et une occasion pour Paul de faire déguster « sa précieuse fabrication ». A l'étape, tous ses camarades se délectaient du fameux pastis, allongé de larges rasades d'eau fraîche.

De retour, il se remet à la besogne aidé de son cadet. Après de longs et fatigants essais, il obtint un dosage qui lui parut parfait. Il en emplit une bouteille et les deux frères entreprirent de faire déguster leur création dans tous les cafés de la région.

« Qué succès, monsieur Ricard! Votre pastis est un chef-d'œuvre! Vous pouvez me croire, je suis un vieux de la Provence et je m'y connais. Té, vous m'en mettrez cinq bouteilles pour commencer. »
Ce fut la première commande.

Fiers comme Artaban, Paul et Pierre revinrent triomphants à la maison. « La fortune est à nous : une commande de cinq bouteilles. » Et tout le monde de se réjouir. Le lendemain en habits de fêtes, juchés sur leur petite Ford, les deux frères allaient faire leur première livraison.

Le travail opiniâtre de Paul et de Pierre a été couronné de succès. Leur usine modèle fabrique maintenant 50.000 bouteilles par jour pour le plus grand bonheur de tous les consommateurs du fameux RICARD, « LE VRAI PASTIS DE MARSEILLE »

Yves ALEXANDRE, 160, boulevard Haussmann. — 58.997.

Ouvrières enfournant des objets en céramique, principalement des cendriers, dans l'Atelier de céramique Ricard au rez-de-chaussée du siège de la société Ricard de Sainte-Marthe.

Workers place ceramic items, mostly ashtrays, into kilns inside the Ricard ceramics workshop located on the ground floor of the Ricard headquarters, in the Saint-Marthe factory.

Paul Ricard crée un service de publicité intégré, concevant et imprimant affiches, dépliants et brochures. De l'atelier de dessin dirigé par l'affichiste Albert Bataille sortent les affiches tirées en grand nombre sur les presses de l'«Imprimerie spéciale Ricard», véritable entreprise à elle seule. La société développe la communication par l'objet. Un atelier de céramique, dirigé par Paul Reboul qui a réalisé le premier broc à eau dessiné par Paul Ricard en 1935, conçoit de nombreux modèles de cendriers, de brocs, etc., destinés aux cafetiers.
Une production plus artistique d'objets décoratifs est offerte dans le cadre des relations publiques.
Dans ses mémoires, Paul Ricard se souvient : « Nous possédions nos propres ateliers de céramique, pour lesquels travaillaient bon nombre d'artistes marseillais ; il en sortait de très beaux objets à offrir, portant le mot Ricard. »
Lorsque l'entreprise s'ouvre aux visiteurs, l'atelier de céramique est, avec la très spectaculaire salle d'embouteillage, l'un des lieux les plus appréciés.

Paul Ricard set up an in-house advertising department that designed and printed posters, leaflets and brochures. From the design studio run by poster artist Albert Bataille came large runs of posters printed on the presses of the Imprimerie Spéciale Ricard, which was a business in its own right. The company also developed branded promotional items. A ceramics workshop, headed by Paul Reboul—who made the first water pitcher designed by Paul Ricard in 1935—produced many models of ashtrays, pitchers and other items for café owners. More artistic decorative objects were created for use in public relations.

In his memoirs, Paul Ricard recalled: "We had our own ceramics workshops, which employed many Marseille artists. They turned out beautiful gifts, all bearing the Ricard name." When the company opened its doors to visitors, the ceramics workshop—along with the spectacular bottling hall—was among the most popular attractions.

Feuille d'étiquettes Ricard en cours d'impression sur presse, installée sous éclairage professionnel pour le reportage photo de Roger Forster dans l'atelier de fabrication, années 1950.

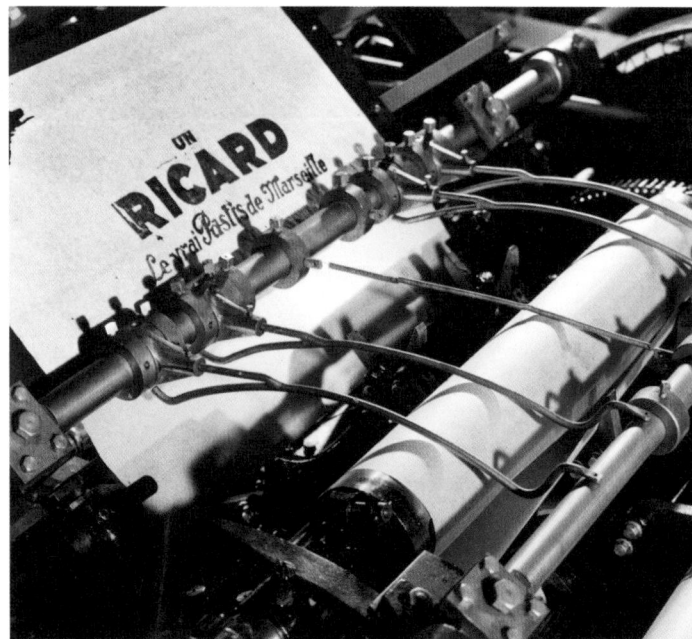

A sheet of Ricard labels being printed on a press, staged under professional lighting for a photo reportage by graphic artist Roger Forster in the production workshop (1950s).

Couvertures de magazines internes Ricard illustrant successivement les 60 ans de la marque (1992), les 75 ans de « Soleil Ricard » (2007) et un numéro hommage à Salvador Dalí (1968).
Covers of Ricard's in-house magazines celebrating the brand's 60th and 75 anniversaries and paying tribute to Salvador Dalí (1968).

Paul Ricard debout derrière son bar.
Paul Ricard behind his bar.

UNE COMMUNICATION GLOBALE

INTEGRATED COMMUNICATION

La loi de janvier 1951 constitue un défi stimulant pour Paul Ricard : «Pourquoi cette fringale de "relations publiques"? Parce que, si le pastis était libre, la publicité le concernant restait sous le coup de l'interdit [...] nous allions imaginer d'autres moyens de le faire connaître. C'était finalement encore plus exaltant que de créer des affiches ou d'inventer des slogans. »
De fait, Paul Ricard est considéré comme le précurseur de la communication globale en mêlant avec audace publicité, sponsoring, mécénat, relations avec les consommateurs et animations commerciales. Dès 1948, la société Ricard est la première entreprise à s'associer au Tour de France, avec un camion maquillé en galion aux couleurs de la marque,

A law adopted in January 1951 posed an exciting challenge for Paul Ricard: "Why this craving for 'public relations'? Because, even though pastis was legal, advertising it was still prohibited [...] so we had to come up with other ways to make it known. In the end, it was even more thrilling than creating posters or inventing slogans."

Indeed, Paul Ricard is considered a pioneer of integrated communication, boldly combining advertising, sponsorship, patronage, consumer relations and promotional events. As early as 1948, Ricard was the first company to partner with the Tour de France, with a truck decorated as a galleon in the brand's colors, and by organizing concerts by popular Marseille singer

Camions de livraison Ricard alignés au port de Marseille vers 1960.

Ricard delivery trucks lined up at Marseille port (circa 1960).

Le stand Ricard à la Foire de Perpignan en 1949 (haut) et à Avignon dans les années 30 (bas).
Ricard stands at fairs in Perpignan in 1949 (top) and Avignon in the 1930s (bottom).

Utilisé dès la campagne publicitaire de 1938, l'avion Ricard a commencé par survoler les côtes de «la cité phocéenne» avant d'élargir son périmètre d'action à d'autres régions.
First used in the 1938 advertising campaign, the Ricard plane began by flying over the coasts of the "Cité Phocéenne" before extending its reach well beyond Marseille.

et l'organisation de concerts de Darcelys, puis Tino Rossi et Annie Cordy à chaque étape. Toutes les occasions seront bonnes pour faire connaître la marque.

«Je ne me limitais pas, bien sûr, à la harangue. J'allais à la tête de mes troupes, parcourant la France à la rencontre, non seulement des distributeurs de notre produit : cafetiers, restaurateurs, hôteliers, mais aussi de ceux qui, détenteurs d'une charge, d'une fonction, pouvaient assurer notre prestige et notre pérennité en entrant dans le grand cercle de nos amis. Je m'engageais totalement. [...] Il n'y a pas une sous-préfecture – et à plus forte raison une préfecture – où je n'aie participé à une réception, pour que les notables présents m'entendent au moins une fois parler de notre société. Tout cela était épuisant et n'aurait pas été possible, si je n'avais eu des collaborateurs de valeur en qui je mettais toute ma confiance. [...] Puisqu'il nous était interdit de vanter officiellement notre pastis, nous allions imaginer d'autres moyens de le faire connaître. [...] C'est à ce moment que j'ai pensé à l'aide que le cinéma pouvait nous procurer.»

En témoigne l'actrice Tilda Thamar posant en 1952 pour la *Gazette Ricard* – visuel repris en affichettes. «Vedette oubliée des années 1950», née en 1921 en Argentine, elle joue dans *L'Ange rouge,* film de Jacques Daniel-Norman, avec Paul Meurisse (1949). En 1952, elle tourne dans *La Caraque blonde,* film de Jacqueline Audry sorti en 1953 et produit par Paul Ricard – qui n'est peut-être pas étranger au scénario :

Darcelys, then Tino Rossi and Annie Cordy at each stage of the race. Every event was a good opportunity to make the brand known.

As Paul Ricard recalled: "I didn't limit myself, of course, to making rousing speeches. I led my troops myself, travelling across France to meet not only our product's distributors—café owners, restaurateurs, hoteliers—but also those who, by virtue of their office or position, could help ensure our prestige and longevity by joining the large circle of our friends. "I was fully committed. [...] There isn't a district government office—let alone a regional government office—where I didn't attend a reception, so that the local notables would hear me speak about our company at least once. All of this was exhausting and wouldn't have been possible if I hadn't had valuable colleagues in whom I placed my complete trust. [...] Since we were banned from officially praising our pastis, we had to come up with other ways to make it known. [...] That's when I thought of the help cinema could offer us."

An example is actress Tilda Thamar posing in 1952 for the Gazette Ricard—an image later used in small posters. A "forgotten star of the 1950s," born in Argentina in 1921, Thamar appeared in *L'Ange rouge (The Red Angel),* a 1949 film by Jacques Daniel-Norman starring Paul Meurisse. In 1952, she filmed *La Caraque blonde (The Blonde Gypsy),* directed by Jacqueline Audry and released in 1953. The picture

Sortie du personnel de l'usine Ricard de Sainte-Marthe (Marseille).
Workers leaving the Ricard factory.

*Paul Ricard s'adresse à ses commerciaux en 1977, à l'occasion
du 45ᵉ anniversaire de l'entreprise.*
*Paul Ricard addresses his sales representatives in 1977, on the occasion
of the company's 45th anniversary.*

en Camargue, une famille de gardians s'oppose à celle de cultivateurs de riz.

En 1967, Paul Ricard crée une fondation culturelle qui porte son nom et qui devient la Fondation d'entreprise Ricard en 2006 et aujourd'hui de la Fondation Pernod Ricard. Créé en 1999, le Prix Fondation Pernod Ricard est décerné chaque année à l'occasion de l'exposition qui se déroule à la Fondation, pendant la FIAC (Foire Internationale d'Art Contemporain). Le prix consiste en l'achat d'une œuvre au lauréat, qui est offerte au Centre Pompidou et exposée dans ses collections permanentes. En 2009, la distinction de Grand Mécène lui a été décernée par le ministère de la Culture.

« JE NE ME LIMITAIS PAS, BIEN SÛR, À LA HARANGUE. J'ALLAIS À LA TÊTE DE MES TROUPES, PARCOURANT LA FRANCE (...) »

was produced by Paul Ricard, who may have had something to do with the plot: in Camargue, a family of cattle herders is in conflict with a family of rice farmers.

In 1967, Paul Ricard created a cultural foundation bearing his name, which became the Ricard Corporate Foundation in 2006 and is now the Pernod Ricard Foundation. Established in 1999, the Pernod Ricard Foundation Prize is awarded each year during an exhibition held at the Foundation, during the International Contemporary Art Fair. The prize consists of purchasing a work from the winner, which is donated to the Centre Pompidou in Paris and shown in its permanent collections. In 2009, the French Ministry of Culture awarded Ricard the distinction of *Grand Mécène* (Major Patron).

"I DIDN'T LIMIT MYSELF, OF COURSE, TO MAKING SPEECHES. I LED MY TROOPS MYSELF, TRAVELLING ACROSS FRANCE (...)"

2

LA BOUTEILLE
DE RICARD
THE RICARD
BOTTLE

INTRODUCTION

UNE BOUTEILLE À NULLE AUTRE PAREILLE

A BOTTLE LIKE NO OTHER

En 1929, Paul Ricard a vingt ans et, à la différence d'un autre Paul (Nizan, celui-là), il est convaincu que «c'est le plus bel âge de la vie». Débordant littéralement d'énergie, le jeune homme travaille avec son père tout en améliorant patiemment sa recette de pastis et en suivant les cours du soir à l'École des Beaux-Arts de Marseille. Parmi les toiles de cette époque se trouve une nature morte au caractère étrangement prémonitoire. Sur une table, à côté d'un verre et d'un broc à eau, se dresse une bouteille dont l'étiquette, certes tronquée, est peinte avec suffisamment de précision pour y lire les trois premières lettres du nom Ricard et le début du slogan «Le vrai pastis de Marseille» et ce, trois ans avant que ne soit commercialisé le pastis en question!

La forme de la bouteille et le nom de la marque en caractères blancs placés dans un cartouche de couleur sont donc plus qu'esquissés. L'histoire va bientôt les fixer pour la postérité, avant de leur apporter les nécessaires modifications que réclame le temps qui passe. Le logo Ricard se structure et s'amplifie progressivement. Longtemps considérées comme intouchables, la bouteille et son étiquette connaissent à leur tour une métamorphose. À cet égard, les bouteilles fabriquées en séries limitées à partir du début des années 1990 jouent un rôle de catalyseur et préparent le terrain de la nouvelle bouteille lancée en 2011. Une révolution, un an avant le 80e anniversaire de la marque. En 2013, le coffret Duo réunissant la bouteille et la carafe conçues par les architectes Jakob+MacFarlane fait événement tout comme le lancement en 2025 du «Ricard 4,5%» dans sa bouteille de 20 cl, en phase avec son époque.

In 1929, Paul Ricard was twenty years old and was convinced it was the best of all ages. Overflowing with energy, the young man worked with his father while patiently improving his pastis recipe and taking evening classes at the Marseille School of Fine Arts. Among his paintings from this period is a still life with a strangely prophetic character. On a table, next to a glass and a water pitcher, stands a bottle whose label, though partly obscured, is painted with enough precision to read the first three letters of the name Ricard and the start of the slogan *"Le vrai pastis de Marseille"*—three years before the pastis in question was even marketed!

The shape of the bottle and the brand name in white letters within a colored cartouche (the distinctive framed panel that contains the name) are therefore more than merely sketched out. History would soon fix them for posterity, before bringing the necessary modifications demanded by the passage of time. The Ricard logo gradually became more structured and prominent. Long considered untouchable, the bottle and its label eventually underwent their own transformations. In this respect, the limited-edition bottles produced from the early 1990s acted as catalysts and paved the way for the new bottle launched in 2011. A revolution, one year before the brand's 80th anniversary. In 2013, the Duo box set combining the bottle and the carafe designed by architects Jakob+MacFarlane caused a stir, just like the launch in 2025 of the 'Ricard 4.5%' in its 20 cl bottle in step with its time.

2.1

Évolution du logo Ricard de 1953 à 2024 : lettres jaune vif, entourées de liserés et d'ombres portées, dont la typographie et le traitement graphique se sont progressivement épurés et modernisés pour conserver l'évocation solaire et méridionale de la marque.
The evolution of the Ricard logo from 1953 to 2024: bright yellow letters, surrounded by borders and drop shadows, whose typography and graphic treatment have been progressively refined and modernized to retain the brand's sunny, southern feel.

RICARD, HISTOIRE D'UN LOGO (1932-2024)

RICARD, THE HISTORY OF A LOGO (1932-2024)

Esprit curieux et observateur, Paul Ricard s'est forgé une solide culture graphique. Ce n'est pas un hasard si, dans ses mémoires, il évoque « les apéritifs dont les murs portaient longtemps l'ingénieuse publicité : les zèbres Cinzano, la clé Bonal qui ouvrait l'appétit, le bonhomme noir et le bonhomme rouge de Saint-Raphaël, la bouteille de Mandarin, les trois têtes chapeautées melon de Dubo, Dubon... Dubonnet ».
Aussi accorde-t-il une grande importance au logo de la marque qu'il a créée en 1932. Toujours dans ses mémoires, il affirme : « Ancrer la marque dans les yeux et dans les esprits devenait ma préoccupation majeure, je la poussais jusqu'à l'obsession. »
Dès 1932, un camion est utilisé comme support publicitaire ;

A man with a curious and observant mind, Paul Ricard developed a solid visual culture. It's no accident that, in his memoirs, he mentions "the aperitifs whose ingenious advertising adorned walls for so long: the Cinzano zebras, the Bonal key that unlocked the appetite, the black and red Saint-Raphaël figures, the Mandarin bottle, the three bowler-hatted heads of Dubo, Dubon... Dubonnet."
He therefore attached great importance to the logo of the brand he created in 1932. Also in his memoirs, he states: "Embedding the brand in people's eyes and minds became my top priority. I pushed it to the point of obsession." As early as 1932, a truck was used as an advertising vehicle, decorated

CE N'EST QU'EN 1953 QU'APPARAÎT LE LOGO EN LETTRES JAUNES SUR FOND BLEU, UTILISÉ DE MANIÈRE RÉCURRENTE ET DÉCLINÉ SUR DIFFÉRENTS SUPPORTS.

IT WAS ONLY IN 1953 THAT THE YELLOW LETTERS ON A BLUE BACKGROUND APPEARED; THEY WERE USED CONSISTENTLY AND APPLIED TO VARIOUS MEDIA.

1953

1995

1958

2009

1964

2017

1984

2024

il est décoré par un immense « RICARD » en lettres d'or sur fond bleu. Remarquant que le jaune vif est plus lisible que l'or, Paul Ricard opère rapidement un premier changement qu'il répercute sur la première affiche publicitaire réalisée par Nicolitch et imprimée par la famille Moullot à Marseille. Le bleu profond ou azur et le jaune citron ou solaire constituent désormais les couleurs emblématiques du Ricard, tout comme le logotype et le cartouche dans lequel il est inscrit.

Pour autant le logo de la marque n'est pas d'emblée gravé dans le marbre. Ce n'est qu'en 1953 qu'apparaît le logo en lettres jaunes sur fond bleu, utilisé de manière récurrente et décliné sur différents supports. Cinq ans plus tard, une troisième couleur fait irruption, donnant naissance à un nouveau logo, accompagné cette fois-ci du slogan originel, « le vrai pastis de Marseille ». En 1964 lui succède une composition où le rouge est passé en fond et où le bleu s'éclaircit. Ce troisième temps marque la fin de la valse des logos, du moins jusqu'en 1984 où le jaune opère un retour en force ainsi que le bleu azur.

with an enormous "RICARD" in gold letters on a blue background. Noticing that bright yellow was more legible than gold, Paul Ricard quickly made an initial change, which he carried over to the first advertising poster designed by graphic artist Nicolitch and printed by the Moullot family in Marseille. Deep blue or azure, and lemon- or bright yellow thus became the emblematic colors of the Ricard, along with the logotype and the cartouche in which it was inscribed.

However, the brand's logo was not set in stone from the start. It was only in 1953 that the yellow letters on a blue background appeared; they were used consistently and applied to various media. Five years later, a third color was introduced, giving rise to a new logo, this time accompanied by the original slogan, *le vrai pastis de Marseille.* In 1964, it was replaced by a design with a red background and a lighter blue. This third stage marked the end of the logo's many variations, at least until 1984, when yellow and azure made a strong comeback.

QUATRE ANS PLUS TARD, LE CARRÉ MINIMALISTE EST REMPLACÉ PAR UN SOLEIL JAUNE QUI S'ÉLÈVE AU-DESSUS DU CARTOUCHE.

FOUR YEARS LATER, THE MINIMALIST SQUARE WAS REPLACED BY A YELLOW SUN, RISING ABOVE THE CARTOUCHE.

LE LOGO DE LA MARQUE EST DÉSORMAIS PARFAITEMENT ÉQUILIBRÉ, À L'INSTAR DE LA RECETTE PATIEMMENT MISE AU POINT PAR PAUL RICARD.

THE BRAND'S LOGO WAS NOW PERFECTLY BALANCED, MUCH LIKE THE RECIPE PAUL RICARD PATIENTLY DEVELOPED.

Le rouge disparaît en 1995 ; « RICARD » est désormais traité en caractères blancs, toujours placés dans un cartouche bleu lui-même posé sur un carré composé de lignes verticales alternativement jaune et blanche. Quatre ans plus tard, le carré minimaliste est remplacé par un soleil jaune qui s'élève au-dessus du cartouche.

En 2011, la nouvelle bouteille s'accompagne d'un logo où le cartouche est placé au centre d'un soleil rayonnant fait de traits alternativement de longueur et d'épaisseur différentes. En 2016, l'agence Yorgo&Co définit la nouvelle identité graphique de Ricard. Le logo est repensé : nouveau logotype sans empâtement (sauf pour les étiquettes) et inspiré des lettres peintes sur les camions, les bâtiments, etc., à la fin des années 1930, demi-soleil rayonnant regardant à droite et rappelant le « R » de la marque, ajout de la date fondatrice du mythe « depuis 1932 ». Ce logo est modifié en 2023 : jugé insuffisamment explicite, le demi-soleil est remplacé par un cercle plein parfaitement en phase avec l'épaisseur des caractères du logotype. Le logo de la marque est désormais parfaitement équilibré, à l'instar de la recette patiemment mise au point par Paul Ricard.

The red disappeared in 1995; "RICARD" was then rendered in white letters, still placed in a blue cartouche itself set on a square with alternating yellow and white vertical stripes. Four years later, the minimalist square was replaced by a yellow sun, rising above the cartouche.

In 2011, the new bottle was introduced with a logo featuring the cartouche at the center of a radiating sun made of lines of varying length and thickness. In 2016, the Yorgo&Co agency defined Ricard's new visual identity. The logo was redesigned: a new sans-serif logotype (except on labels) inspired by the painted letters on trucks and buildings from the late 1930s, a half-sun motif looking to the right and evoking the brand's "R," and the addition of the founding date with *"depuis 1932"* (since 1932). This logo was modified in 2023: deemed insufficiently explicit, the half-sun was replaced with a solid circle perfectly matching the thickness of the logotype's letters. The brand's logo was now perfectly balanced, much like the recipe Paul Ricard patiently developed.

2.2

HISTOIRE D'UNE BOUTEILLE

THE HISTORY OF A BOTTLE

La bouteille dans laquelle Paul Ricard commercialise son pastis incarne d'emblée la marque et le produit qu'il a créés. Des tenanciers aux clients en passant par les représentants, tous y sont très attachés. Rien de plus difficile que de toucher à un objet sacralisé. Aussi, la bouteille de Ricard conserve-t-elle, à quelques rares exceptions près, sa forme et son étiquette pendant plus de soixante ans.

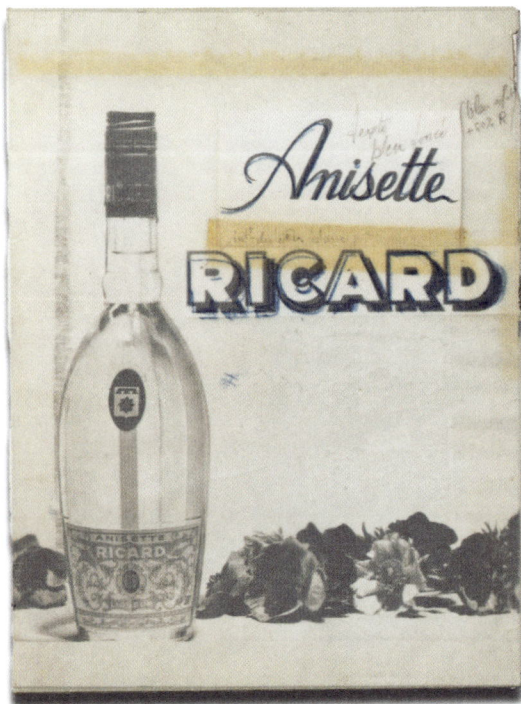

The bottle in which Paul Ricard marketed his pastis immediately embodied the brand and the product he had created. From bar owners to customers to sales representatives, everyone was deeply attached to it. Nothing is harder than changing an object that has become sacred. That's why the Ricard bottle retained, with only a few rare exceptions, its shape and label for more than sixty years.

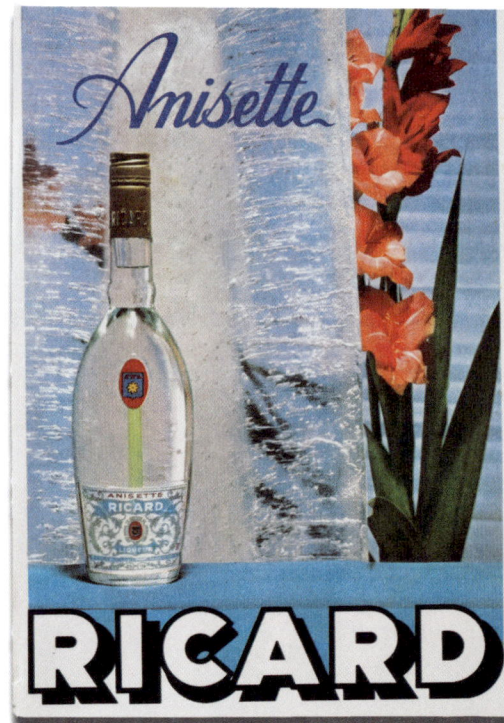

Du croquis préparatoire à l'affiche finale pour l'Anisette Ricard et, à droite, la bouteille correspondante.

From the preparatory sketch to the final poster for Anisette Ricard and (facing page) the corresponding bottle.

Huit bouteilles illustrant l'évolution du packaging Ricard : en haut, les premières bouteilles d'anisette et d'apéritif à 40 % puis «Pastis de Marseille» avant-guerre ; en bas, la bouteille iconique Ricard 45 % (100 cl) à partir de 1932 et sa déclinaison espagnole Pracsa.

Eight bottles illustrating the evolution of Ricard packaging. Top: the first 40% anisette and aperitif bottles, then the pre-war "Pastis de Marseille". Bottom, the iconic Ricard 45% bottle (100cl) from 1932 and its Spanish version by Pracsa.

Anciennes bouteilles
de pastis et d'anisette
Ricard.
Vintage bottles of Ricard
pastis and anisette.

Bouteille Ricard et carafe « Soleil » dessinée par Garouste & Bonetti.
Ricard bottle and "Soleil" carafe designed by Garouste & Bonetti.

Le lancement de séries limitées à partir du début des années 1990 va conduire à la remise en cause de ce qui était considéré comme un ensemble parfaitement équilibré. L'étiquette ne constitue plus un élément intangible et la surface de la bouteille a vocation à être totalement investie... à condition que le cartouche Ricard demeure visible. Le succès de la carafe Garouste & Bonetti distribuée dans les cafés et les restaurants à partir de 1995 réalise une seconde brèche dans le système. Les consommateurs associent à tel point le soleil à la marque que ce motif, peut-être dérivé d'anciens menus et autres prospectus distribués dans le réseau CHR, migre sur la bouteille de pastis.

The introduction of limited editions from the early 1990s led people to question what had been considered a perfectly balanced design. The label was no longer an untouchable element, and the entire surface of the bottle was now destined to be used—provided that the Ricard cartouche remained visible. The success of the Garouste & Bonetti carafe distributed in cafés and restaurants from 1995 opened a second breach in the system. Consumers so strongly associated the sun motif with the brand that this design, perhaps derived from old menus and other leaflets distributed through the HoReCa (hotel, restaurant, café) sector, migrated onto the pastis bottle.

Bouteille Ricard (version 2017-2024).

The neck and shoulder of Ricard bottle produced between 2017 and 2024.

Publicité, 2023.
Advertising, 2023.

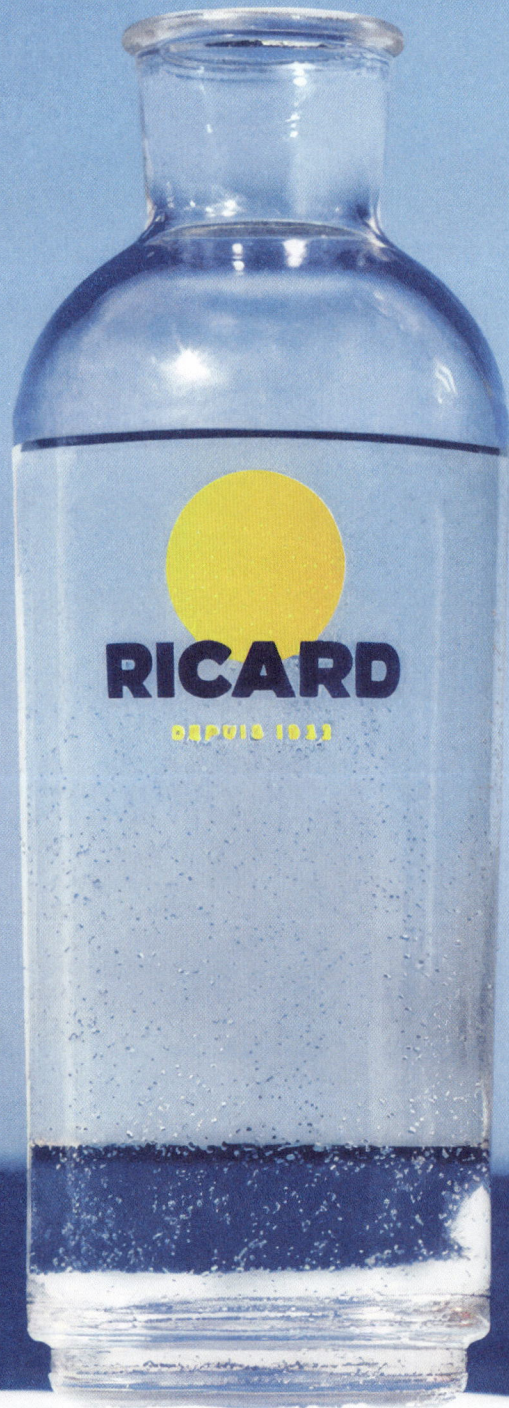

Comme le rapportera Michaël Merolli : «La forme même de notre bouteille, inchangée depuis 1932, s'était banalisée. D'où l'idée de la changer en 2011.» Ricard sollicite l'agence londonienne Coley Porter Bell pour concevoir sa nouvelle bouteille. Première originalité, celle-ci s'appuie sur un socle rectangulaire (et non plus circulaire). Elle se distingue également par ses lignes pures et élancées. Deuxième originalité, le logo de la marque est gravé en creux sur les flancs de la bouteille, manifestant l'empreinte forte laissée par une marque qui traverse le temps. «Depuis 1932» est également sculpté dans la partie supérieure.

As marketing director Michaël Merolli recalled: "The very shape of our bottle, unchanged since 1932, had become commonplace. That's why we decided to change it in 2011." Ricard turned to the London agency Coley Porter Bell to design its new bottle. The first innovation was to use a rectangular, rather than circular, base. It also stood out with its clean, slender lines. The second innovation: the brand's logo was embossed on the sides of the bottle, demonstrating the strong imprint left by a brand that stands the test of time. *"Depuis 1932"* was also sculpted into the upper section.

Étiquette à la feuille d'acanthe dessinée par Paul Ricard en 1932.
Paul Ricard designed this label with an acanthus leaf in 1932.

Quant à l'étiquette, elle est divisée en trois parties : le logo Ricard ; la feuille d'acanthe et la mention pastis de Marseille ; la signature « Paul Ricard, créateur ».
La production à l'échelle industrielle de cette nouvelle forme constitue une prouesse technologique qui a mobilisé l'ensemble des équipes Ricard. La nouvelle bouteille est déclinée sur toute la gamme Ricard, du 2 au 200 cl.

Philippe Savinel, alors président de Ricard souligne : « Ricard est une marque patrimoniale qui a toujours su évoluer avec son temps. Aujourd'hui, elle ose la métamorphose en actualisant son héritage avec une grande créativité. Cette création nous permettra à la fois de renforcer le lien avec nos consommateurs fidèles et d'en conquérir de nouveaux. Je pense aussi que cette nouvelle bouteille est à l'image de notre marque : elle est unique et irrésistiblement Ricard. »
Tandis que Michaël Merolli précise : « L'enjeu pour Ricard était de trouver un juste équilibre entre audace créative et respect de nos valeurs historiques, d'être premium tout en restant populaire. »
Plus qu'une métamorphose, Ricard a opéré une révolution.

As for the label, this was divided into three parts: the Ricard logo; the acanthus leaf and the words *pastis de Marseille;* and the signature *"Paul Ricard, créateur."*
The industrial-scale production of this new shape was a technological feat that mobilized all the company's departments. The new bottle was rolled out across the entire Ricard range, from 2 to 200 cl.

According to Philippe Savinel, the company's chairman at the time, "Ricard is a heritage brand that has always known how to evolve with its time. Today, it dares to transform itself by updating its legacy with great creativity. This creation will allow us both to strengthen the bond with our loyal customers and to win new ones. I also think this new bottle reflects our brand: it is unique and irresistibly Ricard."
As Michaël Merolli recalls, "The challenge for Ricard was to find the right balance between creative boldness and respect for our historic values, to be premium while staying popular."
More than a transformation, Ricard underwent a revolution.

« L'ENJEU POUR RICARD ÉTAIT DE TROUVER UN JUSTE ÉQUILIBRE ENTRE AUDACE CRÉATIVE ET RESPECT DE NOS VALEURS HISTORIQUES, D'ÊTRE PREMIUM TOUT EN RESTANT POPULAIRE. »

"THE CHALLENGE FOR RICARD WAS TO FIND THE RIGHT BALANCE BETWEEN CREATIVE BOLDNESS AND RESPECT FOR OUR HISTORIC VALUES, TO BE PREMIUM WHILE STAYING POPULAR."

Bouteille Ricard en édition limitée 2009, créée par Thomas Lélu.
Cette explosion de reflets colorés symbolise à merveille le rituel Ricard,
où l'eau se fond progressivement dans le pastis.
Limited edition Ricard bottle from 2009, designed by Thomas Lélu.
This explosion of colored reflections symbolizes the Ricard ritual,
in which the water gradually melts into the pastis.

LES SÉRIES LIMITÉES

THE LIMITED SERIES

Le conditionnement du produit est au centre de la communication depuis les débuts de la commercialisation de la bouteille de Ricard. En innovant par la création de séries limitées, la marque s'adresse directement au consommateur en confortant son prestige et en jouant sur la rareté. Dès 1993, Ricard propose une série de bouteilles au décor sérigraphié en édition limitée reproduisant des paysages provençaux impressionnistes.

COLLECTION LA PROVENCE DES IMPRESSIONNISTES
– 1993 : Claude Monnet, *La Montagne de l'Esterel,* 1888, et Vincent Van Gogh, *Champ de blé avec cyprès,* 1889 ;
– 1994 : Paul Cézanne, *L'Estaque,* 1878-1879, et Henri-Edmond Cross, *Après-midi à Pardigon,* 1907 ;
– 1995 : Henri-Edmond Cross, *Cyprès à Cagnes,* 1908, et Paul Cézanne, *La Montagne Sainte-Victoire,* vers 1890 ;
– 1996 : Paul Cézanne, *La Mer à l'Estaque,* 1883-1886, et Paul Cézanne, *La Montagne Sainte-Victoire au grand pin,* vers 1867.

Product packaging has been central to Ricard's brand communication since it first began marketing its bottled product. By innovating with the creation of limited editions, the brand speaks directly to consumers, reinforcing its prestige and leveraging the appeal of rarity. As early as 1993, Ricard offered a series of limited-edition bottles with screen-printed designs depicting Impressionist Provençal landscapes.

PROVENCE OF THE IMPRESSIONISTS COLLECTION
– 1993: Claude Monet, *The Esterel Mountains* (1888), and Vincent van Gogh, *Wheat Field with Cypresses* (1889)
– 1994: Paul Cézanne, *L'Estaque* (1878–1879), and Henri-Edmond Cross, *Afternoon at Pardigon* (1907)
– 1995: Henri-Edmond Cross, *Cypresses at Cagnes* (1908), and Paul Cézanne, *Mont Sainte-Victoire* (c. 1890)
– 1996: Paul Cézanne, *The Sea at L'Estaque* (1883–1886) and *Mont Sainte-Victoire Seen from Bellevue* (c. 1867)

EN INNOVANT PAR LA CRÉATION DE SÉRIES LIMITÉES, LA MARQUE S'ADRESSE DIRECTEMENT AU CONSOMMATEUR EN CONFORTANT SON PRESTIGE ET EN JOUANT SUR LA RARETÉ.

BY INNOVATING WITH THE CREATION OF LIMITED EDITIONS, THE BRAND SPEAKS DIRECTLY TO CONSUMERS, REINFORCING ITS PRESTIGE AND LEVERAGING THE APPEAL OF RARITY.

*Bouteilles Ricard en édition limitée 2003, créées par Stella Cadente et
Agatha Ruiz de la Prada. Collection Automne Hiver 2003-2004.*
*Limited edition Ricard bottles from 2003, designed by Stella Cadente and
Agatha Ruiz de la Prada. Autumn Winter 2003-2004 collection.*

« EN 1995, RAPPELLE MICHAËL MEROLLI, NOUS AVONS ÉTÉ LES PREMIERS À CONFIER NOS ÉTIQUETTES À DES ARTISTES, PUIS NOUS AVONS ÉTÉ COPIÉS. »

"IN 1995", RECALLS MICHAËL MEROLLI, "WE WERE THE FIRST TO ENTRUST OUR LABELS TO ARTISTS, AND THEN WE WERE COPIED."

Ce n'est qu'un début. « En 1995, rappelle Michael Merolli, nous avons été les premiers à confier nos étiquettes à des artistes, puis nous avons été copiés. »
En jouant sur la rareté, la marque, via le packaging, cherche à conforter son prestige. Régulièrement, la bouteille se pare d'un décor nouveau réalisé par des créateurs célèbres. Parmi eux, des stylistes comme Sonia Rykiel, Agatha Ruiz de la Prada, Stella Cadente, des designers comme Matali Crasset, Hilton McConnico ou Christophe Pillet, des artistes comme François Boisrond, Gérard Traquandi, Titouan Lamazou, sans compter les jeunes talents de la scène contemporaine française comme Thomas Lélu ou Stéphane Calais... En 2010, Ida Tursic et Wilfried Mille, lauréats du Prix de la Fondation d'entreprise Ricard 2009, ont créé une parure composée d'arabesques de feuilles d'acanthe qui illuminent la bouteille dans un jeu de couleurs jaune et argenté : une création contemporaine dans un style luxuriant et décalé.

Ces créations se répartissent à travers deux collections Créations & Saveurs, au nombre de trois, anis étoilé ou badiane, réglisse et plantes aromatiques de Provence, et Soleils.

It was only the beginning. "In 1995," recalls Michael Merolli, "we were the first to entrust our labels to artists, and then we were copied."
By leveraging rarity, the brand uses packaging to reinforce its prestige. The bottle has been frequently adorned with new designs by famous creators. Among them are fashion designers such as Sonia Rykiel, Agatha Ruiz de la Prada, and Stella Cadente; designers like Matali Crasset, Hilton McConnico, and Christophe Pillet; artists including François Boisrond, Gérard Traquandi, and Titouan Lamazou; not to mention young talents from the contemporary French art scene such as Thomas Lélu and Stéphane Calais. In 2010, Ida Tursic and Wilfried Mille, winners of the 2009 Fondation d'Entreprise Ricard Prize, created a design of acanthus-leaf arabesques that illuminated the bottle in shimmering yellow and silver tones: a contemporary creation with a lush, offbeat style.

These designs fall into two collections: Créations & Saveurs—which has three themes (star anise, licorice, and aromatic plants of Provence)—and Soleils.

68

Bouteilles Ricard des éditions limitées 2000 et 2001, créées par Matali Crasset à gauche et Sonia Rykiel à droite. Les deux bouteilles font partie de la collection Créations et Saveurs Les Herbes de Provence.
Limited edition Ricard bottles from 2000 and 2001, designed by Matali Crasset and Sonia Rykiel. The two bottles are part of the Créations & Saveurs Les Herbes de Provence collection.

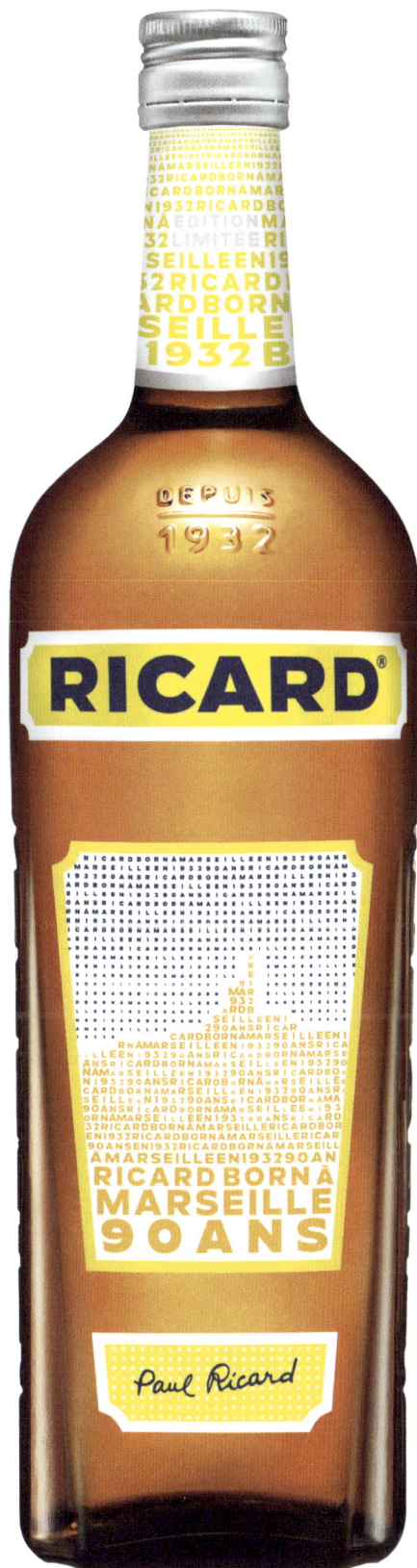

Bouteille Ricard 2022, édition limitée conçue par Yorgo Tloupas pour les 90 ans de la marque. Le designer s'empare de la vue emblématique du vieux port de Marseille et de la basilique Notre-Dame de la Garde. S'inspirant de l'art optique, il la recompose en une nouvelle équation Ricard.

A limited edition Ricard bottle from 2022, designed by Yorgo Tloupas. To mark the brand's 90th anniversary, Tloupas brought his modern graphic vision to bear on a representation of the city of Marseille and its Notre-Dame de la Garde basilica. Drawing on Op art, the design forms a fresh visual equation between Ricard and the city of Marseille.

2.3.1

Fidèle à son engagement auprès des créateurs, Ricard a confié en 1997 au duo Garouste & Bonetti la conception d'une édition premium de sa bouteille en céramique jaune, produite en série limitée et vendue dans les boutique en duty free.
True to its commitment to designers, in 1997 Ricard commissioned the duo Garouste & Bonetti to design a premium edition of its yellow ceramic bottle, a limited series of which was produced for duty-free shops.

LA BOUTEILLE RICARD IIIᴱ MILLÉNAIRE PAR GAROUSTE & BONETTI (1999)

THIRD MILLENNIUM RICARD BOTTLE BY GAROUSTE & BONETTI (1999)

Ricard a confié à Élisabeth Garouste et Mattia Bonetti la création d'une nouvelle bouteille. Tenants du style « barbare », « chefs de file du nouveau baroque de l'an 2000 », les designers ont réalisé un véritable objet d'art d'ores et déjà entré dans les collections du Centre Pompidou. « La pureté des lignes longues et gracieuses, soulignent Garouste & Bonetti, suggère la saveur intense et franche de l'anis qui révèle une sensation infinie et raffinée de fraîcheur. Puis, la forme de la bouteille évolue en rondeur, évoquant ainsi la douceur nuancée de la réglisse qui prolonge la saveur Ricard et qui se poursuit au final par une grande finesse aromatique. » Cette traduction poétique de la saveur Ricard se retrouve dans la noblesse et la délicatesse du matériau choisi, la porcelaine, frappée du soleil de Provence et sa couleur, le jaune solaire étincelant rehaussé du bleu profond de la marque.

Entreprise du patrimoine vivant et fournisseur historique de Ricard – depuis 1937 et la commercialisation du célèbre broc imaginé par Paul Ricard –, les Ateliers Revol ont assuré la fabrication de cet objet à la fois poétique et fonctionnel, qui se distingue par sa silhouette élancée et ses lignes ondulantes, signes tangibles de générosité et du raffinement Ricard.

Lancée en 1999, la bouteille Garouste & Bonetti se veut une invitation à un « voyage vers le IIIᵉ millénaire ».

Ricard entrusted Élisabeth Garouste and Mattia Bonetti with the creation of a new bottle. Exponents of the so-called "barbarian" style and leading figures of the new baroque of the year 2000, the designers produced a true work of art that has already entered the collections of the Centre Pompidou. In these designers' view, "The purity of the long, graceful lines suggests the intense, frank flavor of anise, which reveals an infinite and refined sensation of freshness. Then the shape of the bottle becomes more rounded, evoking the nuanced smoothness of licorice that prolongs Ricard's flavor and culminates in great aromatic finesse." This poetic interpretation of Ricard's taste is echoed in the nobility and delicacy of the chosen material—porcelain—embossed with the Provence sun and finished in a radiant solar yellow accented by the brand's deep blue.

Ateliers Revol, a registered "living heritage company"[1] and Ricard's historic supplier since 1937—the year the famous pitcher designed by Paul Ricard was launched—handled the manufacture of this object. Both poetic and functional, it is distinguished by its slender silhouette and undulating lines, tangible signs of Ricard's generosity and refinement.

Launched in 1999, the Garouste & Bonetti bottle was conceived as an invitation on a "journey into the third millennium."

[1] This is an official label awarded by the French state. It recognizes companies with exceptional artisanal or industrial know-how, often traditional crafts maintained at a high level of excellence.

2.3.2

Le coffret Ricard Duo, signé par les architectes Jakob et Macfarlane, associe bouteille et carafe dans un même écrin pour symboliser l'alliance indéfectible de l'eau et du pastis, formant un duo puissant et harmonieux.
The Ricard Duo box set, designed by architects Jakob and Macfarlane, pairs bottle and carafe in a single case to symbolize the unbreakable and harmonious alliance of water and pastis.

BOUTEILLE ET CARAFE RICARD DUO PAR JAKOB+MACFARLANE (2013)

RICARD DUO BOTTLE AND CARAFE BY JAKOB+MACFARLANE (2013)

Agence d'architecture «multiculturelle et pluridisciplinaire» fondée à Paris en 1994 par Dominique Jakob et Brendan MacFarlane, Jakob+MacFarlane s'est d'emblée distinguée par son intégration des enjeux de la transition écologique, notamment via l'utilisation de nouveaux matériaux.
Parmi les réalisations saluées : les Docks en Seine, Cité de la mode et du design ; le Fonds régional d'Art contemporain de la Région Centre à Orléans (2013). Entretemps, l'aménagement d'espaces lounge comme une cavité creusée dans une structure préexistante aux formes organiques au sein de la Fondation d'entreprise Ricard en 2007 avait été remarqué. Cet ensemble est depuis entré dans les collections du Centre Pompidou.
La réflexion du duo d'architectes s'appuie sur le rituel Ricard et les deux éléments centraux que sont le pastis et l'eau.
«Nous avons voulu montrer, soulignent Dominique Jakob et Brendan MacFarlane, que l'eau et Ricard faisaient bloc, que leur union était forte et sans faille.»
Partant de la notion de symbiose, ils ont conçu deux carafes aux lignes sculpturales et irrégulières, comme façonnées à la main dans la matière brute, qui s'imbriquent l'une dans l'autre.
«Nous avons voulu, observent Dominique Jakob et Brendan MacFarlane, que ces objets s'animent, comme le rituel lorsque l'eau s'allie au Ricard, créant ainsi un mouvement qui apparaît ici à la surface du verre.»

Jakob+MacFarlane, a "multicultural and multidisciplinary" architecture firm founded in Paris in 1994 by Dominique Jakob and Brendan MacFarlane, quickly made a name for itself by integrating the challenges of ecological transition, in particular through the use of new materials. Among their acclaimed works are the Docks en Seine – Design and Fashion City, and the Regional Contemporary Art Fund of the Centre Region in Orléans (2013).
In the meantime, the development of lounge spaces like a cavity dug into a pre-existing structure with organic forms at the Fondation d'Entreprise Ricard in 2007 had attracted attention. This ensemble has since entered the collections of the Centre Pompidou.
The architects' concept was based on the Ricard ritual and its two central elements: pastis and water. As they put it:
"We wanted to show that water and Ricard form a single unit, that their union is strong and unbreakable."
Working from the idea of symbiosis, they designed two sculptural, irregular carafes—shaped as if by hand from raw material—that nest together.
"We wanted these objects to come alive, like the ritual in which water joins Ricard, creating a movement that here appears on the surface of the glass."

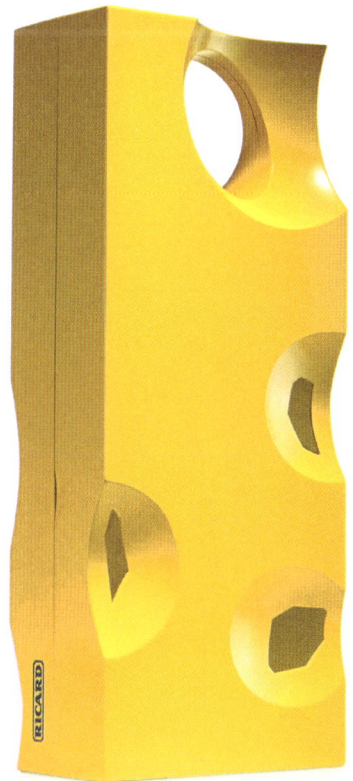

Petite bouteille Ricard édition limitée 2025, 20 cl «La bouteille qui se boit à la Bouteille».
Small (20 cl) Ricard bottle from the 2025 "La bouteille qui se boit à la bouteille" (The bottle you drink straight from the bottle) limited edition.

RICARD RÉINVENTÉ (2025)

RICARD REINVENTED (2025)

En 2025, Ricard s'est fixé un défi à la hauteur de son héritage et de sa notoriété : réinventer l'apéritif en proposant un nouveau mélange se dégustant directement à la bouteille sans qu'il soit nécessaire de le diluer. Inspiré de la recette du pastis Ricard, il offre un subtil équilibre entre notes anisées emblématiques, notes de réglisse et plantes aromatiques. D'une contenance de 20 cl, la nouvelle bouteille se distingue par son design épuré. Le corps jaune de la bouteille tranche avec le goulot de couleur aluminium.

Pour son lancement ce Ricard a été produit à 220 000 exemplaires.

In 2025, Ricard set itself a challenge worthy of its heritage and reputation: to reinvent the aperitif by offering a new blend that can be enjoyed straight from the bottle without the need for dilution. Inspired by the Ricard pastis recipe, it offers a subtle balance of emblematic aniseed notes, licorice and aromatic plants.
With a capacity of 20 cl, the new bottle is distinguished by its sleek design. Its yellow body contrasts with the aluminum-colored neck.

220,000 bottles of this Ricard were produced for its launch.

D'UNE CONTENANCE DE 20 CL, LA NOUVELLE BOUTEILLE SE DISTINGUE PAR SON DESIGN ÉPURÉ. LE CORPS JAUNE DE LA BOUTEILLE TRANCHE AVEC LE GOULOT DE COULEUR ALUMINIUM.

WITH A CAPACITY OF 20 CL, THE NEW BOTTLE IS DISTINGUISHED BY ITS SLEEK DESIGN. ITS YELLOW BODY CONTRASTS WITH THE ALUMINUM-COLORED NECK.

Le cendrier triangulaire jaune s'inscrit dans le cercle étroit des objets publicitaires iconiques. Fabriqué en céramique puis en mélamine, une matière plastique réputée incassable, il a également été décliné en verre fumé. L'évolution du logo de la marque permet de dater l'époque à laquelle les différents exemplaires ont été produits.

The yellow triangular ashtray is among the most iconic promotional items. Made from ceramic and then melamine, a plastic material known for its unbreakability, it was also available in smoked glass. The evolution of the brand's logo allows us to date the era in which the various models were produced.

3
—

LES OBJETS RICARD

RICARD MERCHANDISE

INTRODUCTION

Brochure promotionnelle Ricard présentant les actions menées en matière de publicité en 1938 et 1939.
Ricard promotional brochure presenting the company's advertising activities in 1938 and 1939.

LA COMMUNICATION PAR L'OBJET

BRAND COMMUNICATION THROUGH MERCHANDISE

Distribués dès les années 1930, les premiers objets publicitaires jouent d'emblée un rôle de premier plan dans la stratégie de communication mise en œuvre par Paul Ricard. Cet homme de terrain ayant visité un grand nombre de cafés, d'hôtels et de restaurants – le fameux réseau CHR –, a parfaitement compris l'utilité de ces objets pour faire connaître son produit et inciter à sa consommation. En 1935, il conçoit le premier broc Ricard qui s'impose bientôt comme un des emblèmes de la marque, à côté du logo et de la bouteille de pastis. Supprimées par le gouvernement de Vichy, les liqueurs anisées sont de nouveau autorisées après la Seconde Guerre mondiale. Si leur publicité est interdite dans la rue, elle est en revanche autorisée sur les lieux de vente. Ce qui suscite la multiplication d'objets tels que plateau, cendrier, ardoise, dosette, seau à glace, etc., accompagnés de jeux, de plaques émaillées et d'autres éléments décoratifs. En plus de leur utilité, les objets Ricard sont conçus comme des créateurs ou des catalyseurs de convivialité. Le nombre de modèles et la variété des types proposés aux tenanciers de bar vont croissant au fil du temps. « Je reste convaincu que les objets Ricard n'avaient pas pour but de reproduire un logo à l'infini sur une myriade d'objets, ce que l'on appellerait aujourd'hui du "branding", mais bien d'associer sa marque à des moments de consommation, et je dirais même à des moments d'expérience et de partage, analyse Alexandre Ricard. Car au-delà des verres ou des brocs, on retrouve énormément d'objets associés à un moment convivial à l'instar des jeux de cartes ou de dés. »
Les années 1990 marquent un tournant. Ricard est confronté à un triple défi : rajeunir l'âge moyen de ses consommateurs,

From the moment they began to be distributed in the 1930s the company's first promotional items played a key role in the brand communication strategy developed by Paul Ricard. A man who spent time on the ground visiting countless hotels, restaurants and cafés—the famous HoReCa network— he understood perfectly how useful these items could be in making his product known and encouraging people to drink it. In 1935, he designed the first Ricard pitcher, which soon became one of the brand's emblems alongside its logo and its pastis bottle.
Suppressed by the Vichy government, aniseed-flavored liqueurs were authorized again after the Second World War. Although advertising was banned in the street, it was permitted at the point of sale. This led to a proliferation of objects such as trays, ashtrays, chalkboards, measures, ice buckets, and so on, along with games, enameled signs and other decorative elements. In addition to its usefulness, Ricard merchandise is designed to create or encourage conviviality. The number of models and the variety of types offered to barkeepers have grown over time.
"I remain convinced that the aim of Ricard merchandise was not to reproduce a logo ad infinitum on a myriad of items—which today we would call 'branding'—but to associate the brand with moments of consumption, and I would even say with moments of experience and sharing," explains Alexandre Ricard.
"In addition to glasses and pitchers, there are many other objects associated with convivial moments, such as card or dice games."
The 1990s marked a turning point. Ricard faced a triple challenge: to lower the average age of its consumers, to appeal

LES OBJETS. - PUBLICITÉ DIVERSE

LE cafetier était habitué à recevoir beaucoup d'objets-réclame. RICARD ne pouvait pas se singulariser sur ce chapitre : il fallait donc que lui aussi donnât des objets de publicité.

Mais pour Ricard la position n'était pas la même que pour beaucoup d'apéritifs. Il n'avait pas besoin de donner quelque chose pour qu'on lui passât commande. Quelle était en effet la marque qui, comme Ricard, pouvait se vanter d'avoir vu des cafetiers venir en taxi, avec des paniers, chercher sur place au Dépôt des bouteilles qui se vidaient trop vite pour être remplacées à temps ? Aussi Ricard, lui, n'allait faire des objets-réclame que pour remercier un bon client et non pas pour en obtenir.

Certes, dans chaque café il serait placé une ou plusieurs pancartes portant le nom RICARD. Bientôt d'ailleurs elles étaient remplacées dans de nombreux établissements par des pancartes semblables comportant en outre le prix interchangeable. Mais les brocs, les cendriers, les tapis, les couteaux ne seraient pas distribués à tout venant. Au début le cafetier pouvait s'étonner de ne pas être submergé comme il avait l'habitude de l'être, mais bien vite il appréciait davantage le cadeau qui lui était fait par le représentant. Il sentait vraiment alors que c'était un cadeau.

A la fin de l'année des calendriers seront offerts aux cafetiers avec discernement. Ils viendront sur les murs ajouter encore à l'efficacité des pancartes et des transparents.

Enfin des masques, des visières, des bonnets de police, distribués en abondance, allaient diffuser encore le nom du « VRAI PASTIS DE MARSEILLE » à l'occasion notamment de toutes les manisfestations extérieures auxquelles RICARD allait participer. Tantôt ce devait être de grandes manisfestations sportives patronnées ou organisées par RICARD. Tantôt des stands dans les foires ou les expositions où la dégustation ajoutait la démonstration pratique à l'argumentation. Tantôt les défilés de camions RICARD en caravanes, avec hauts-parleurs et disques publicitaires. Tantôt enfin, l'avion RICARD. Eh! oui, l'avion RICARD qui déjà évoluant sur les côtes de Provence n'allait pas limiter ses vols à cette seule région mais allait bientôt porter le salut du RICARD aux cafetiers les plus éloignés de la grande cité Phocéenne.

Table basse signée Stefan Nikolaev, reprenant la forme et les couleurs du cendrier Ricard des années 1970.
Coffee table designed by Stefan Nikolaev, echoing the shape and colors of the Ricard ashtray from the 1970s.

s'adresser aux femmes et opérer une montée en gamme... sans pour autant se couper de sa base historique ! La direction fait appel à l'agence Kreo qui sollicite de jeunes designers pour créer de nouveaux objets. La carafe Garouste & Bonetti lancée en 1995 inaugure une collaboration qui va durer une dizaine d'années.

« Comme mon grand-père, précise Alexandre Ricard, j'ai apporté un soin méticuleux à la conception du bar qui occupe la place centrale de mon salon. D'une manière générale tous les objets Ricard me ramènent constamment à lui, mais j'ai une affection particulière pour une table basse réalisée par mon ami et artiste plasticien Stefan Nikolaev qui reprend la forme de l'iconique cendrier triangulaire jaune. Quelques verres et brocs de diverses époques sur les étagères ont aussi beaucoup de succès auprès de mes invités. »

En 2007, la société dispose d'un service responsable de l'achat de quelque 30 millions d'articles par an, répartis en 374 références, dont 5,3 millions d'objets en verre comptant 27 références. Opérer un classement s'avère nécessaire pour tenter d'y voir plus clair dans une telle galaxie. Après avoir passé en revue les grands incontournables (broc, carafe, verre, etc.), il n'est pas inutile de distinguer entre objets de service et objets de comptoir, de traiter à part les jeux, avant d'aborder les couvre-chefs et les vêtements, puis les accessoires du vacancier et enfin les objets insolites.

L'objectif que s'était fixé Paul Ricard a été atteint. *Via* ses objets publicitaires, la marque est entrée dans les foyers des consommateurs et pas seulement ceux des collectionneurs. Ce qui ne marque pas la fin de l'aventure, au contraire.

« Quant aux objets de service, conclut Alexandre Ricard, la communication par l'objet a encore de beaux jours devant elle. Non seulement les collectionneurs se disputent les pièces de toutes les époques, mais les équipes Ricard continuent à décliner régulièrement les verres et carafes utilisés dans les bars. »

Indéniablement, les objets Ricard apparaissent comme les témoins de l'histoire économique et sociale de la France du XXe siècle. Plus encore, ils participent d'un patrimoine commun.

to women, and to move the brand upmarket... without alienating its traditional base. Management turned to the Kreo agency, which brought in young designers to create new items of merchandise. The Garouste & Bonetti carafe, launched in 1995, was the start of a collaboration that would last about ten years.

"Like my grandfather," notes Alexandre Ricard, "I've paid meticulous attention to the design of the bar that's the centerpiece of my living room. Generally speaking, all Ricard items remind me of him, but I have a particular fondness for a coffee table designed by my friend, the visual artist Stefan Nikolaev, which reprises the shape of the iconic yellow triangular ashtray. A few glasses and pitchers from different eras on the shelves are also very popular with my guests."

By 2007, the company had a department in charge of buying around 30 million items of merchandise per year, spread across 374 product lines, including 5.3 million items of glassware across 27 lines. With such a vast array, it became necessary to introduce some order. After reviewing the classic essentials (pitcher, carafe, glass, etc.), it made sense to distinguish service items from bar-top items, to treat games separately, then to deal with headwear and clothing, holiday accessories, and finally the more unusual objects.

Paul Ricard's original goal was achieved: through these promotional items, the brand found its way into consumers' homes, not just those of collectors. And that's not the end of the story—far from it.

"As for service items," concludes Alexandre Ricard, "object-based marketing still has a bright future. Not only do collectors compete for pieces from every era, but Ricard's teams continue to release new glasses and carafes for use in bars."

Undeniably, Ricard merchandise stands as a testament to France's 20th-century economic and social history. More than that, it has become part of a shared heritage.

3.1

Acteur fétiche de la Nouvelle Vague, Jean-Pierre Léaud a été lancé en 1959 par Les Quatre Cents Coups de François Truffaut. Trois ans plus tard, sur une piste de bowling, il s'empare d'un broc Ricard, démontrant au débotté qu'il excelle dans le comique de situation !
A French New Wave favourite, Jean-Pierre Léaud made his screen debut in 1959 with François Truffaut's The 400 Blows. Three years later, in a bowling alley, he spontaneously grabs a Ricard pitcher, revealing his gift for physical comedy.

LE BROC

THE PITCHER

L'histoire du fameux broc commence en 1935. Il s'agit alors de promouvoir un nouvel apéritif, « le vrai pastis de Marseille », et d'expliquer comment le consommer. Pour délivrer tous ses arômes, le Ricard se boit avec cinq volumes d'eau fraîche. Pour cela, Paul Ricard a besoin d'un pichet dont il définit lui-même les principales caractéristiques. Alors que les premiers brocs sont en faïence, il décide que l'objet abouti doit être en grès, matériau réputé pour sa solidité et gardant l'eau fraîche plus longtemps. Il doit aussi être muni d'un bec verseur pour éviter que les glaçons ne tombent dans le verre. Des essais sont effectués dans un atelier d'Aubagne. La couleur « pain brûlé », si caractéristique du broc, naît d'une erreur de cuisson. Le résultat ne déplaît pas à Paul Ricard qui valide cette couleur obtenue par accident. L'entrepreneur s'adresse alors aux Établissements Gustave Revol Père et Fils, situés dans la Drôme, à Saint-Uze. La première commande porte sur 900 exemplaires. Cet objet aujourd'hui mythique

The story of the famous Ricard pitcher began in 1935. At the time, the aim was to promote a new aperitif, "the real pastis of Marseille," and to explain how to drink it. To release all its aromas, Ricard is served with five parts of cold water. For this, Paul Ricard needed a pitcher whose main features he defined himself. While the earliest pitchers were made of earthenware, he decided the finished item should be in stoneware, a material known for its durability and for keeping water cooler for longer. It also needed a spout to prevent ice cubes from falling into the glass. Prototypes were made in a workshop in Aubagne. The pitcher's distinctive "burnt bread" color was the result of a firing error. Paul Ricard liked this accidental shade and approved it. He then turned to Établissements Gustave Revol Père et Fils, based in Saint-Uze in the Drôme Department. The first order was for 900 units. This now-legendary object is still produced identically today using the original mold kept by the Revol workshops. Colors

Le célèbre broc a été produit dans différentes couleurs, la première ayant été qualifiée de « pain brûlé » par Paul Ricard lui-même.

The famous pitcher was produced in different colors, the first of which was described by Paul Ricard himself as "burnt bread".

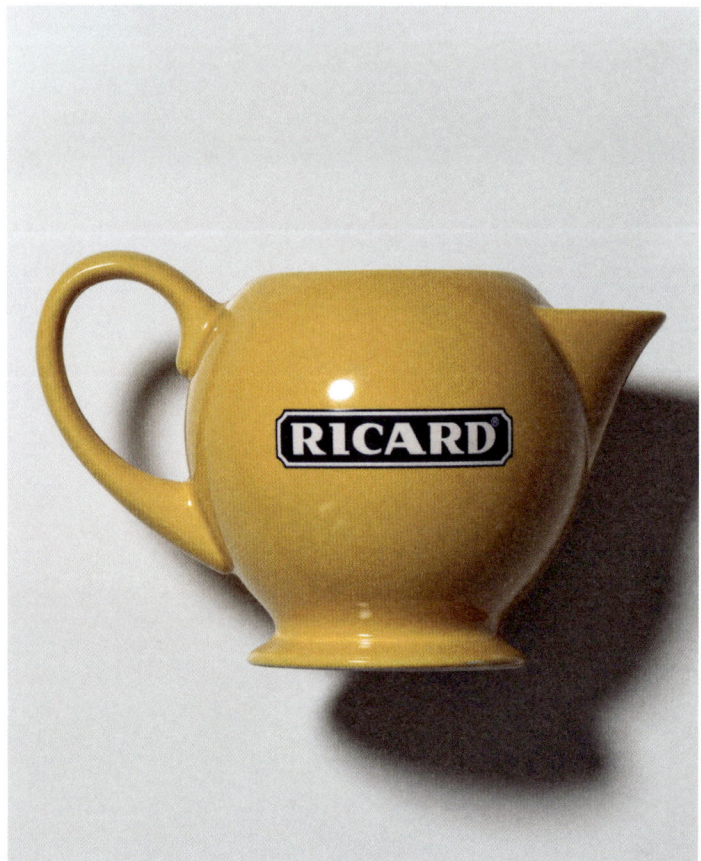

Page de gauche : Les étapes de fabrication du broc Ricard, dont la pâte blanche à base de caolin.

Facing page: From raw kaolin-based white clay to final firing – the production stages of the Ricard pitcher.

Ci-dessous : Un des premiers exemplaires du broc couleur «pain brûlé», avec un cendrier assorti. La typographie «RICARD» a sans doute été appliquée au pochoir.

Below: An early example of the "burnt bread" colored jug, with a matching ashtray. The word "RICARD" was likely stenciled.

*Un broc typique des années 1970 avant le passage de la couleur.
À noter les deux trous, destinés à fixer la poignée.*

*A typical 1970s pitcher at the pre-glazing stage. The two holes are where
the handle will be attached.*

est reproduit à l'identique grâce à l'utilisation du moule original par les ateliers Revol. Couleurs et tailles vont varier. Dans les années 1960, quelque 550 000 exemplaires en auront été écoulés. Douze salariés sont dédiés à la production du broc Ricard.

La décennie 1970 voit l'apparition d'une nouvelle forme, rectangulaire, plus en phase avec l'époque, « la forme initiale ayant été revisitée par les fils Ricard, à l'insu de leur père », se souvient Marcel Desproges ; entré chez Revol en 1953 pour un mois, il y a fait toute sa carrière ! Élément fondamental de la publicité sur les lieux de vente, le broc incarne le slogan « Le meilleur ami de l'eau ». Symbole de fraîcheur et de convivialité, le broc fait définitivement partie de l'image de la marque.

À l'orée du XXIe siècle, Ricard et l'agence Kreo font le pari de revisiter le broc iconique dessiné par Paul Ricard. Cette mission délicate est confiée à Marc Newson. Ses meubles en aluminium riveté (la chaise Lockheed Lounge, la commode Pod of Drawers) ont déjà valu au designer australien une renommée internationale. Depuis sa collaboration pour Apple, de la décoration intérieure des boutiques à l'Apple

and sizes have varied over time. By the 1960s, some 550,000 units had been sold. Twelve employees were dedicated to producing the Ricard pitcher.

The 1970s saw the introduction of a new, more rectangular shape in keeping with the era. "The original form was reworked by Ricard's sons without their father knowing," recalls Marcel Desproges, who joined Revol in 1953 "for a month" but ended up staying for his entire career. A fundamental element of point-of-sale advertising, the pitcher bore the slogan *"Le meilleur ami de l'eau"* (Water's best friend). A symbol of freshness and conviviality, it became an essential part of the brand's image.

At the dawn of the 21st century, Ricard and the Kreo agency took on the challenge of reimagining the iconic pitcher designed by Paul Ricard. This delicate mission was given to Marc Newson. Newson's riveted aluminum furniture (such as the Lockheed Lounge chair and the Pod of Drawers cabinet) had already earned the Australian designer international acclaim. Since his collaboration with Apple—from store interiors to the Apple Watch—he has been propelled to star-designer status. This new pitcher was made by Revol. In a vivid yellow, it captures the full symbolism of the brand. Its imposing, flaring

Les années 1970 voient l'apparition d'un broc rectangulaire,
plus en phase avec l'époque.
The 1970s saw the appearance of a rectangular pitcher,
more in keeping with the times.

Homme de communication génial, Paul Ricard su profiter de la crise de Suez (1956) et de la pénurie de pétrole pour organiser la «caravane de la soif» qui livrait le pastis à dos de dromadaire. L'événement eut un impact considérable. Un broc «Ricard vainqueur de la soif» en forme de dromadaire fut envisagé. Il resta à l'état de projet.
A brilliant PR man, Paul Ricard took advantage of the 1956 Suez Crisis and the ensuing petrol shortage to launch La Croisière contre la soif (The Crusade Against Thirst), delivering pastis by camel train. The stunt was wildly successful. These prototype camel-shaped pitchers presenting Ricard as a "slayer of thirst" never went into production.

En 2018, Ricard sollicite le studio 5.5 pour un nouveau broc. Le résultat est un saisissant hommage au pichet dessiné par Paul Ricard en 1935.
In 2018, Ricard approached Studio 5.5 for a new pitcher. The result is a striking tribute to the jug designed by Paul Ricard in 1935.

Watch, il est propulsé au rang de designer star. Ce nouveau broc est fabriqué par Revol. D'un jaune éclatant, il reflète toute la symbolique de la marque. Sa silhouette imposante aux courbes évasées semble tout droit sortie du mur publicitaire Ricard peint par Olivier Cauquil en 1987, sur le côté d'un immeuble du boulevard Plombières. La composition, qui avait valu à son auteur un dauphin d'argent au Salon des Artistes décorateurs de 1983, représente un gigantesque broc-transatlantique Ricard quittant le port de Marseille. «L'eau, note Marc Newson, fait partie intégrante du Ricard; elle le fait "vivre". C'est pourquoi j'ai conçu ce broc comme une matière vivante qui épouse le mouvement de l'eau avec une large ouverture pour laisser respirer. Quant à l'anse, elle se décroche de l'ensemble du volume pour former un «O», pas rond mais tout en longueur, car Ricard est un long drink.»

silhouette seems lifted straight from the Ricard mural painted by Olivier Cauquil in 1987 on the side of a building on Marseille's Boulevard Plombières. That composition, which had earned Cauquil a silver dolphin award at the 1983 Salon des Artistes Décorateurs, consisted of a giant transatlantic Ricard pitcher depicted as an ocean liner departing the Mediterranean port.

"Water," says Marc Newson, "is an integral part of Ricard; it brings it to life. That's why I designed this pitcher as a living material that follows the movement of water, with a wide opening to let it breathe. As for the handle, it breaks away from the body to form an elongated 'O' shape—not round—because Ricard is a long drink."

LE PICHET RICARD EST UN OBJET QUI FAIT PARTIE DE NOTRE PATRIMOINE NATIONAL FRANÇAIS.

THE RICARD PITCHER IS AN ITEM THAT BELONGS TO OUR FRENCH NATIONAL HERITAGE.

«Le broc, poursuit le designer, est un objet mythique dans l'histoire de Ricard; il est devenu comme un personnage emblématique dans les cafés. Ainsi j'ai voulu que ce broc ait une couleur jaune lumineuse, une peau lisse et ronde, à la fois "accueillante", joyeuse, qui suscite en nous l'envie de voyager vers la Provence baignée de soleil. Dans un bar, ce broc Ricard devient un hôte qui vous convie tout naturellement au rafraîchissement.»
«C'est l'émotion que je cherche. La forme pure ne m'intéresse pas. L'émotion pure, oui. Si je quitte une pièce où il y a mes meubles et mes objets, je souhaite qu'ils se comportent comme des personnages; je les imagine semblables à des acteurs capables de communiquer, au terme d'un long travail, de l'émotion.»

"The pitcher," the designer continues, "is a mythical object in Ricard's history; it has become an iconic character in cafés. I wanted this pitcher to have a bright yellow color, with a smooth, rounded surface that is both 'welcoming' and cheerful, making you want to travel to sun-drenched Provence. In a bar, the Ricard pitcher becomes a host that naturally invites you to refresh yourself."

"What I'm after is emotion. Pure form doesn't interest me. Pure emotion does. When I leave a room where my furniture and objects are, I want them to behave like characters; I imagine them as actors capable, after prolonged effort, of conveying emotion."

Alexandre Ricard, président-directeur général du groupe Pernod Ricard, derrière le bar de son domicile parisien. Il tient le broc Ricard conçu par le studio 5.5 en 2018. Sur le zinc est posé un ancien cendrier Ricard. La bordure du comptoir est décorée d'anis étoilés entre lesquels a été gravé le mot d'ordre de Paul Ricard à ses représentants : «Faites-vous un ami par jour».

Pernod Ricard CEO Alexandre Ricard behind the bar of his Paris home. He's holding the Ricard pitcher designed by Studio 5.5 in 2018. A vintage Ricard ashtray sits on the counter. The edge of the bar is decorated with star anises. The inscription reproduces Paul Ricard's instruction to his sales agents: "Make a friend a day".

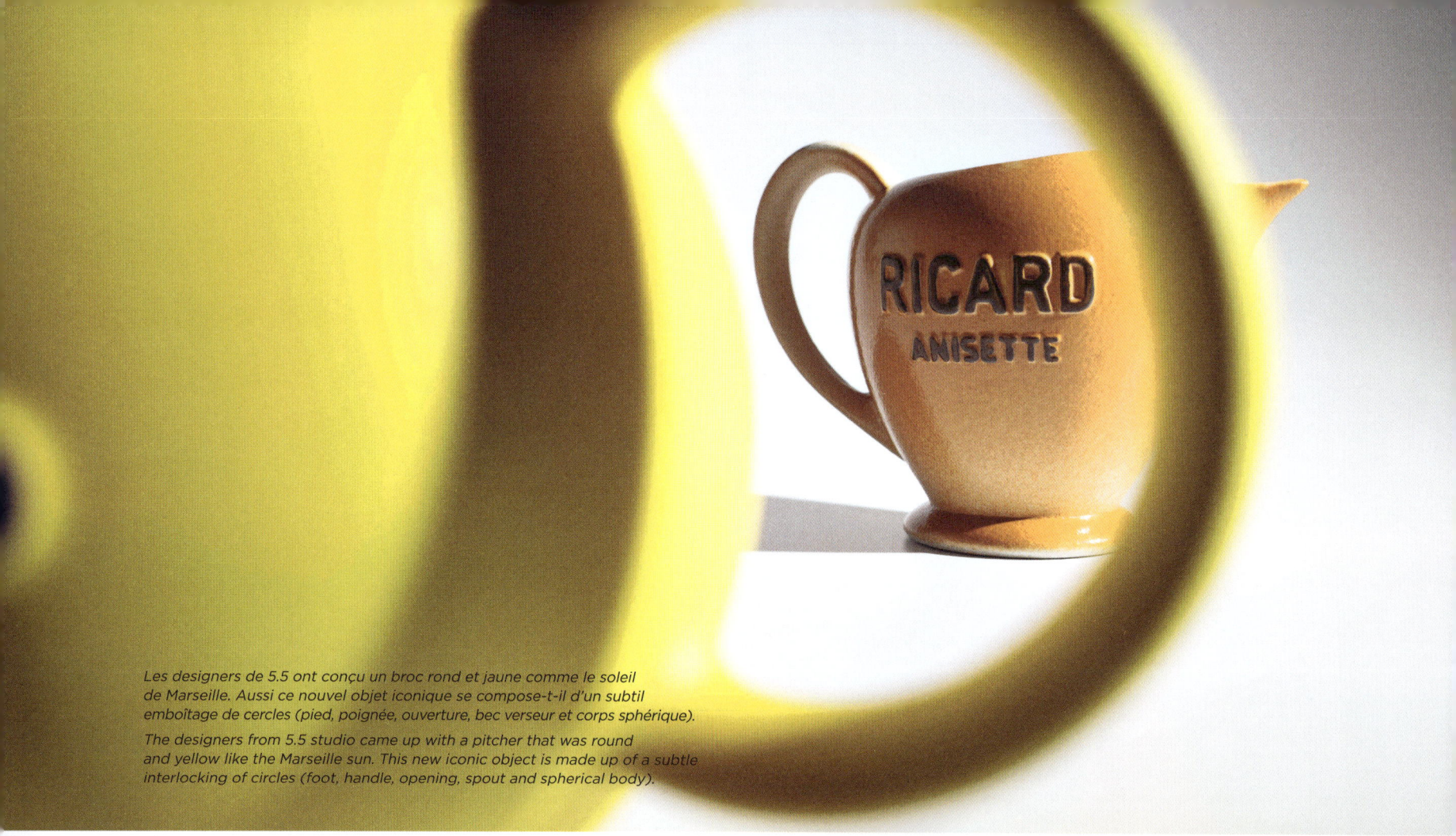

Les designers de 5.5 ont conçu un broc rond et jaune comme le soleil
de Marseille. Aussi ce nouvel objet iconique se compose-t-il d'un subtil
emboîtage de cercles (pied, poignée, ouverture, bec verseur et corps sphérique).

*The designers from 5.5 studio came up with a pitcher that was round
and yellow like the Marseille sun. This new iconic object is made up of a subtle
interlocking of circles (foot, handle, opening, spout and spherical body).*

En 2018, dans le sillage de la nouvelle charte graphique définie deux ans plus tôt par l'agence Yorgo&Co, le Studio 5.5 propose un nouveau broc Ricard, édité à 5 000 exemplaires. Jean-Sébastien Blanc, cofondateur du studio, s'est alors rendu à Saint-Uze pour consulter les archives de la maison Revol. Il se souvient : «Le jour où Ricard nous a proposé de dessiner le nouveau broc de la marque, nous nous sommes tout de suite sentis investis d'une forme de mission, c'était comme un rêve de designer tant cet objet est un mythe. Le pichet Ricard est un objet qui fait partie de notre patrimoine national français, une icône populaire qui a touché des générations et continue d'incarner un certain style de vie à la française.»

«Notre première vision était d'inscrire ce nouveau pichet dans le patrimoine de la marque. Il devait être en céramique et fabriqué en France. En tant que designer et avec beaucoup d'humilité, nous souhaitions perpétuer une forme d'héritage en dessinant un objet qui dialogue avec son histoire tout en imaginant un broc qui s'inscrive dans son époque. Dans cette volonté, notre recommandation fut alors de reprendre contact avec l'entreprise familiale Revol qui fabriqua pendant des années les brocs Ricard. Après des heures passées dans les archives du fabricant,

In 2018, following the new visual identity defined two years earlier by the Yorgo&Co agency, Studio 5.5 designed a new Ricard pitcher, produced in an edition of 5,000 units. Jean-Sébastien Blanc, co-founder of the studio, visited the Revol archives in Saint-Uze.

He recalls: "The day Ricard asked us to design the brand's new pitcher, we immediately felt we had a kind of mission. It was like a designer's dream because this object is a legend. The Ricard pitcher is part of our national heritage in France, a popular icon that has touched generations and continues to embody a certain French lifestyle."

"Our first vision was to embed this new pitcher firmly in the brand's heritage. It had to be ceramic and made in France. As designers, with great humility, we wanted to perpetuate a kind of legacy by creating an object that speaks to its history while imagining a pitcher that was of its time. For that reason, we recommended reconnecting with the family firm Revol, which had produced Ricard pitchers for years. After hours spent in the manufacturer's archives, we were convinced that we needed to revisit the historic

Un des premiers modèles du broc Ricard ; plus sucrée que le pastis, l'anisette ne contient ni réglisse ni herbes de Provence.
One of the earliest Ricard pitchers. Sweeter than pastis, anisette contains no licorice or Provençal herbs.

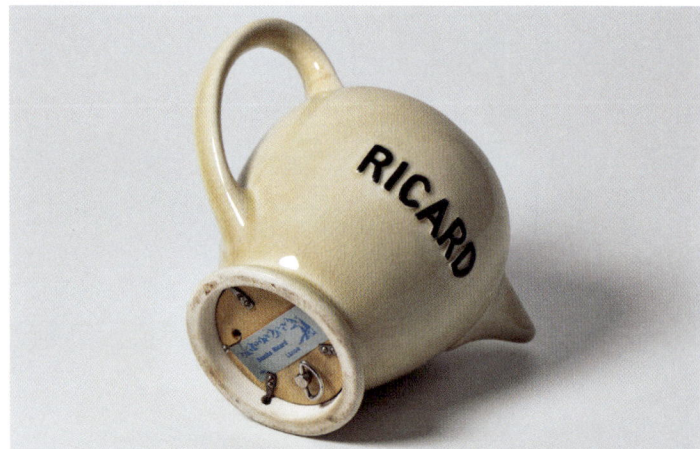

Le «pichet musical» était offert aux cafés ayant passé les plus grandes commandes ; la boîte à musique dissimulée dans le pied jouait la «Samba Ricard».
This "musical pitcher" was given to cafés that placed the largest orders. A music box hidden in the base played the "Ricard Samba".

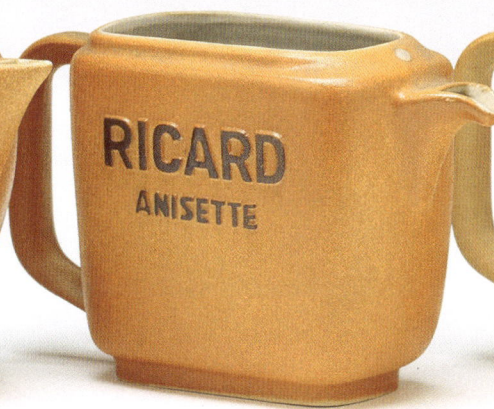

Les brocs de forme ronde et rectangulaire ont été fabriqués dans plusieurs tailles, la plus grande étant de 3 litres et la plus petite contenant une dose de Ricard.

Above and facing page: round and rectangular Ricard jugs were produced in various sizes, the largest holding 3 liters and the smallest containing a single measure of Ricard.

L'histoire du broc Ricard est aussi faite des prototypes qui n'ont jamais été fabriqués en série. C'est le cas du pichet gris (à gauche), avec le nom de la marque appliqué au pochoir. Reconnaissable à ses lignes aérodynamiques, le broc conçu par Marc Newson a, quant à lui, connu un grand succès (à droite).

Several prototypes of Ricard pitchers, such the gray pitcher shown here (left) with the stenciled brand name, were never mass produced. By contrast, the pitcher designed by Marc Newson, with its aerodynamic lines, was a great success (right).

nous étions convaincus que nous devions revisiter le broc historique. Le nouveau pichet devait s'inscrire
dans une continuité formelle en conservant les lignes structurantes et les détails d'usage du dessin original de Paul Ricard. C'est dans une logique de simplification et de recherche de l'essentiel que nous avons donné vie et imaginé les nouvelles lignes de ce broc. »

D'un jaune vif et brillant, le nouveau broc Ricard renvoie directement au soleil, symbole, avec le bleu de la mer, du pastis de Marseille. La poignée, plus ronde, semble redoubler le broc, lui aussi plus arrondi que son prédécesseur dont l'ouverture supérieure reste inclinée pour éviter que les glaçons ne s'échappent lors du service.

En 2022, le 90e anniversaire de Ricard a été l'occasion de rééditer le broc de 1935, reproduit à l'identique grâce à l'utilisation du moule original conservé dans les archives Revol. Le broc a encore de beaux jours devant lui !

pitcher. The new pitcher had to continue the formal line, preserving the defining shapes and functional details of Paul Ricard's original design. In a spirit of simplification and pursuit of the essential, we imagined and brought to life the new lines of this pitcher."

In a bright, glossy yellow, the new Ricard pitcher directly evokes the sun, a symbol, along with the blue of the sea, of Marseille pastis. The rounder handle seems to double the size of the pitcher, which is also rounder than its predecessor, with the top opening still angled to prevent ice cubes escaping when serving.

In 2022, for Ricard's 90th anniversary, the 1935 pitcher was reissued identically using the original mold that Revol had kept in its archives. Clearly, the pitcher still has a bright future!

C'EST DANS UNE LOGIQUE DE SIMPLIFICATION ET DE RECHERCHE DE L'ESSENTIEL QUE NOUS AVONS DONNÉ VIE ET IMAGINÉ LES NOUVELLES LIGNES DE CE BROC.

IN A SPIRIT OF SIMPLIFICATION AND PURSUIT OF THE ESSENTIAL, WE IMAGINED AND BROUGHT TO LIFE THE NEW LINES OF THIS PITCHER.

RICARD

Avec sa grande ouverture en forme d'ellipse, le broc créé par Marc Newson, se détache parmi ses congénères.

With its wide, elliptical opening, the pitcher designed by Marc Newson stands out from the crowd.

Rare broc rouge de 1955.
Rare red jug from 1955.

3.2

Verres marqués du dernier logo Ricard conçu par l'agence Yorgo & Co en 2024.
The logo on these glasses was designed by Yorgo & Co in 2024.

LE VERRE

THE GLASS

Quand Paul Ricard envisage un modèle de verre publicitaire à destination des cafés, deux grandes idées guident sa réflexion. La première renvoie à la nécessité de se différencier nettement du verre à absinthe, liqueur la plus consommée dans la France de la Belle Époque, mais interdite en 1915. La seconde tient à la volonté de rappeler le rituel de dégustation du Ricard qui constitue alors une innovation dans l'univers des spiritueux. Si les premiers verres ont un pied, ils sont courts sur patte, c'est-à-dire dépourvus de jambe (pour employer le vocabulaire des souffleurs de verre). C'est également la raison pour laquelle une ligne bleue indique le niveau de pastis à verser avant d'ajouter de l'eau. Les verres se distinguent du broc et de la carafe par le caractère utilisé pour écrire le nom de la marque. Ricard figure en typographie manuscrite et non en lettres capitales. Sur les affiches publicitaires apparaissent d'autres modèles, le verre allongé ou verre momie, puis le verre ballon qui connaît un immense succès, s'imposant rapidement comme un des symboles de la marque.

Ce qui n'empêche pas la distribution d'autres modèles parmi lesquels les plus appréciés sont le tumbler, utilisé pour servir les cocktails, et le verre tube, plus étroit. Si l'emploi du mot « mixologie » ou l'art des cocktails n'est attesté qu'à partir du début du XXIᵉ siècle, les mélanges ont existé bien avant. En témoignent les verres à tomate (Ricard et sirop de grenadine), à perroquet (Ricard et sirop de menthe), à mauresque (Ricard et sirop d'orgeat)...
Le premier verre de designer a été créé en 1998 par Olivier Gagnère, alors connu par ses meubles, ses luminaires et sa décoration de lieux tels que le café Marly au Louvre. « J'ai conçu ce verre, commente le designer, en m'inspirant de la magie qui s'opère lorsqu'on sert un Ricard. Il existe dans ce verre une partition de courbes qui exalte le rituel Ricard, qui suit la cérémonie de sa sublime transformation

When Paul Ricard considered designing a branded glass for cafés, two main ideas guided his thinking. The first was the need to stand out clearly from the absinthe glass—absinthe being the most consumed liqueur in Belle Époque France but banned in 1915. The second was the desire to highlight the Ricard drinking ritual, which was then an innovation in the world of spirits.

The earliest Ricard glasses had stems but were stubby, meaning they lacked a "leg" (to use the vocabulary of glassblowers). That is also why a blue line was added to mark the amount of pastis to pour before adding water. The glasses stood out from pitchers and carafes through the typeface used for the brand name: "Ricard" was shown in a handwritten style rather than in capital letters.
Other models also appeared in advertising posters: the tall "mummy" glass and then the "balloon" glass, which became immensely popular and quickly emerged as one of the brand's symbols.

That did not stop other styles being distributed too, among them the tumbler—used for serving cocktails—and the narrower tube glass. Although the term "mixology" to describe the art of making cocktails has only been in use since the early 21st century, mixed drinks existed long before. Examples include the *"tomate"* (tomato - Ricard with grenadine syrup), the *"perroquet"* (parrot - Ricard with mint syrup), and the *"mauresque"* (Moorish - Ricard with orgeat syrup).

The first designer glass was created in 1998 by Olivier Gagnère, known at the time for his furniture, lighting, and interior designs for places like the Café Marly at the Louvre. "I designed this glass," Gagnère explains, "inspired by the magic that happens when you serve a Ricard. This glass has a series of curves

*Ci-contre et double suivante : À facettes, à « momies », allongé, « tumbler »
ou « long dringk », « tube », à cocktail (« Tomate / Grenadine », « Perroquet /
Menthe », etc.), à pied, ballon, etc., les modèles de verre Ricard se comptent
par dizaines.*
*Left and next pages: Over the years, dozens of models have been produced,
including faceted glasses, so-called mummy glasses (short and rounded),
elongated versions, tumbler or long drink styles, tube glasses, cocktail glasses
(for Tomate/Grenadine, Perroquet/Mint, etc.), stemmed glasses, balloon
glasses, and more.*

au contact de l'eau ; puis il s'évase afin d'exprimer la richesse et la générosité des saveurs. »

En 2009, Ricard lance le verre à tapas imaginé par Sébastien Cordoleani & Franck Fontana à partir du concept d'« apéritif dînatoire ». Un verre bas que vient en partir recouvrir une coupelle destinée à accueillir des canapés et autres gourmandises salées ou sucrées – un des sens de tapas n'est-il pas couvercle ?

that celebrate the Ricard ritual, that accompany its sublime transformation when it meets water. Then it flares out to express the richness and generosity of its flavors."

In 2009, Ricard launched the tapas glass, conceived by Sébastien Cordoleani and Franck Fontana around the idea of the *'apéritif dînatoire'* (a cocktail party with food). It is a short glass topped by a small dish designed to hold canapés and other savory or sweet nibbles—after all, one meaning of "tapas" is "lid," isn't it?

SI L'EMPLOI DU MOT « MIXOLOGIE » OU L'ART DES COCKTAILS N'EST ATTESTÉ QU'À PARTIR DU DÉBUT DU XXIᴱ SIÈCLE, LES MÉLANGES ONT EXISTÉ BIEN AVANT.

ALTHOUGH THE TERM "MIXOLOGY" TO DESCRIBE THE ART OF MAKING COCKTAILS HAS ONLY BEEN USE SINCE THE EARLY 21ST CENTURY, MIXED DRINKS EXISTED LONG BEFORE.

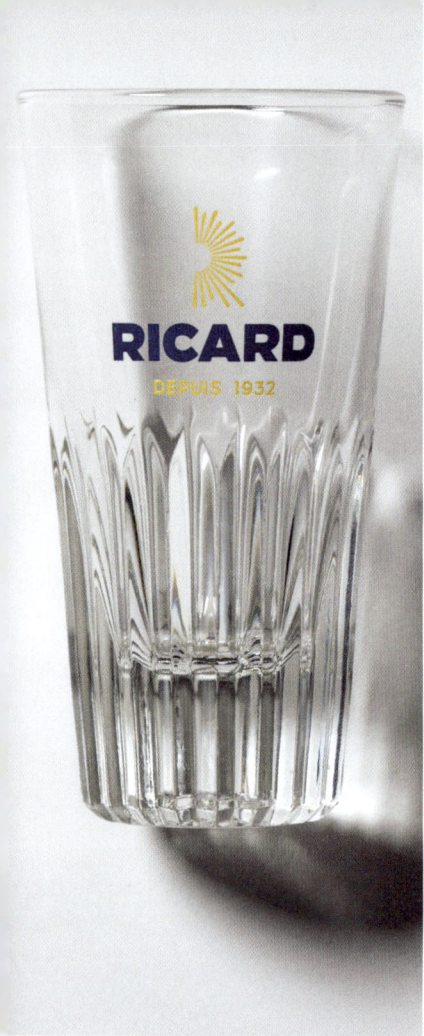

Outre le logo de la marque, les verres Ricard – à quelques exceptions près qui ne sont pas si rares, étant donné le nombre de modèles distribués ! – se distinguent par le niveau du volume de pastis à verser.

Most Ricard glasses feature a line indicating how much pastis should be poured into them.

RICARD

DEPUIS 1932

Verre long drink conçu par le designer Olivier Gagnère en 1998.
Highball glass designed by Olivier Gagnère in 1998.

Verre à tapas conçu par par Sébastien Cordoleani et Franck Fontana en 2009.
Tapas glass designed by Sébastien Cordoleani and Franck Fontana in 2009.

RICARD

3.3

Les carafes à facettes et rectangulaires ont été fabriquées en très grandes quantités et sur des périodes longues (respectivement début années 1950-fin années 1960 et début années 1970-milieu années 1990). Elles permettent de suivre l'évolution du logo.

Les carafes à facettes et rectangulaires ont été fabriquées en très grandes quantités et sur des périodes longues (respectivement début années 1950-fin années 1960 et début années 1970-milieu années 1990). Elles permettent de suivre l'évolution du logo.

Faceted and rectangular carafes were produced in very large numbers and over long periods (from the early 1950s to late the 1960s and early the 1970s to the mid-1990s, respectively). They show how the logo evolved over time.

LA CARAFE

THE CARAFE

Les premières carafes en verre remontent à 1934. On y lit, moulé en relief ou en creux, Anis Ricard. Dire que le broc a d'emblée été concurrencé par la carafe relève du simple constat. Comme pour les autres objets publicitaires, les Trente Glorieuses correspondent à une période de développement de la production. Un nouveau modèle est distribué à partir du début des années 1950, la carafe à facettes qui est produite, en suivant les changements de logo, jusqu'au milieu des années 1990. Un autre modèle, plus facile à ranger dans les étagères, la carafe rectangulaire, apparaît à la fin des années 1960. Sa fabrication se poursuit également jusqu'au milieu des années 1990. Et ce n'est pas un hasard. En 1995, est lancée la carafe Garouste & Bonetti, fruit du partenariat entre Ricard et l'agence Kreo. Il s'agit du premier objet de designer distribué par la marque. Le succès est immédiat et spectaculaire – les garçons de café rapportent aux représentants Ricard que plus d'un client quitte sa table en l'emportant discrètement. Ses formes arrondies qui rappellent celles d'une gourde et ses soleils en relief la rendent immédiatement reconnaissable.

«Saisir la carafe, verser l'eau, toute la symbolique de la marque est dans ce geste, soulignent Élizabeth Garouste et Mattia Bonetti. Ainsi, en nous inspirant de cet art de vivre, nous avons conçu pour Ricard une carafe pleine de générosité et de soleil.» En 2016, c'est l'agence Yorgo&Co qui redéfinit l'identité visuelle de Ricard. C'est l'occasion de lancer, l'année suivante, une nouvelle carafe dont la conception est de nouveau confiée à Mathieu Lehanneur. Objet simple et généreux, d'une contenance de 70 cl, elle se distingue par sa silhouette tout en rondeur et son élégance. La simplicité de son design magnifie l'eau fraîche qu'elle contient, élément au cœur du rituel de dégustation. En son centre, le nouveau logo Ricard évoque les origines ensoleillées et l'authenticité de la marque. Pour Mathieu Lehanneur, «Ricard a réussi le pari de s'inscrire

Ricard's first glass carafes date back to 1934. They bore the words *Anis Ricard,* either molded in relief or recessed. It is simply a fact that from the start, the carafe competed with the pitcher. As with other promotional items, the *Trente Glorieuses* (France's thirty years of post-war growth) marked a period of production expansion.

A new model was introduced in the early 1950s: the faceted carafe, which was produced—with logo updates along the way—until the mid-1990s. Another model, the rectangular carafe, which was easier to store on shelves, appeared in the late 1960s and was likewise produced until the mid-1990s. That is no coincidence. In 1995, Ricard launched the Garouste & Bonetti carafe, the result of a partnership with the Kreo agency. It was the brand's first designer-distributed item. Its success was immediate and striking: café waiters reported to Ricard reps that it was not unheard of for customers to sneak them away when they left the table. With its rounded shape reminiscent of a flask and its embossed sun designs, it was instantly recognizable.

Élizabeth Garouste and Mattia Bonetti explain that grasping the carafe and pouring the water expresses the brand's entire symbolism. By drawing inspiration from this art of living, they designed for Ricard a carafe full of generosity and sunshine. In 2016, the Yorgo&Co agency redefined Ricard's visual identity. The following year, a new carafe designed once again by Mathieu Lehanneur was launched. Simple and generous, with a 70-centiliter capacity, it stands out for its rounded silhouette and elegance. The simplicity of its design enhances the chilled water it holds—an element at the heart of the drinking ritual. At its center, the new Ricard logo evokes the brand's sunny origins and authenticity. For Mathieu Lehanneur, "Ricard has managed to become part of our heritage without ever getting stuck in the past.

Trois générations de carafes Ricard : « Anis Ricard » qui date de 1934 –
ce qui en fait un des tout premiers objets publicitaires de la marque –,
les carafes à facettes et les carafes rectangulaires.

*Three generations of Ricard carafes: the "Anis Ricard" version from 1934—
one of the brand's very first promotional items—the faceted carafes,
and the rectangular carafes.*

RICARD®

RICARD
ANISETTE LIQUEUR

Ouvrant l'ère de la collaboration de Ricard avec l'Agence Kreo, la carafe Garouste & Bonetti est le premier objet publicitaire conçu par des designers. Sa forme de gourde et le soleil en relief qui décore ses faces créent une rupture par rapport au modèle précédent. Lancée en 1995, cette carafe a rencontré un succès tel que les clients n'hésitaient pas à partir discrètement avec !

Marking the start of Ricard's collaboration with the Kreo agency, the Garouste & Bonetti carafe was the first promotional item designed by professional designers. Its flask-like shape and raised sun motif on both sides represented a break from earlier models. Launched in 1995, the carafe was such a hit that customers sometimes quietly took it home!

*Après avoir transformé le célèbre tabouret Tam-Tam
en enceinte acoustique, Éric Barthes a réalisé, en 2012,
la nouvelle carafe-pichet Ricard.*

*After creating a buzz with his speaker reinterpretation
of the iconic Tam-Tam stool, Éric Barthes went on to design
the new Ricard jug-carafe in 2012.*

Correspondant à l'esthétique des années 1970, les carafes rectangulaires répondaient également à besoin pratique : elles étaient plus faciles à ranger que les carafes à facettes et que les brocs.

Matching the style of the 1970s, the rectangular carafes also met a practical need: they were easier to store than the faceted carafes and pitchers.

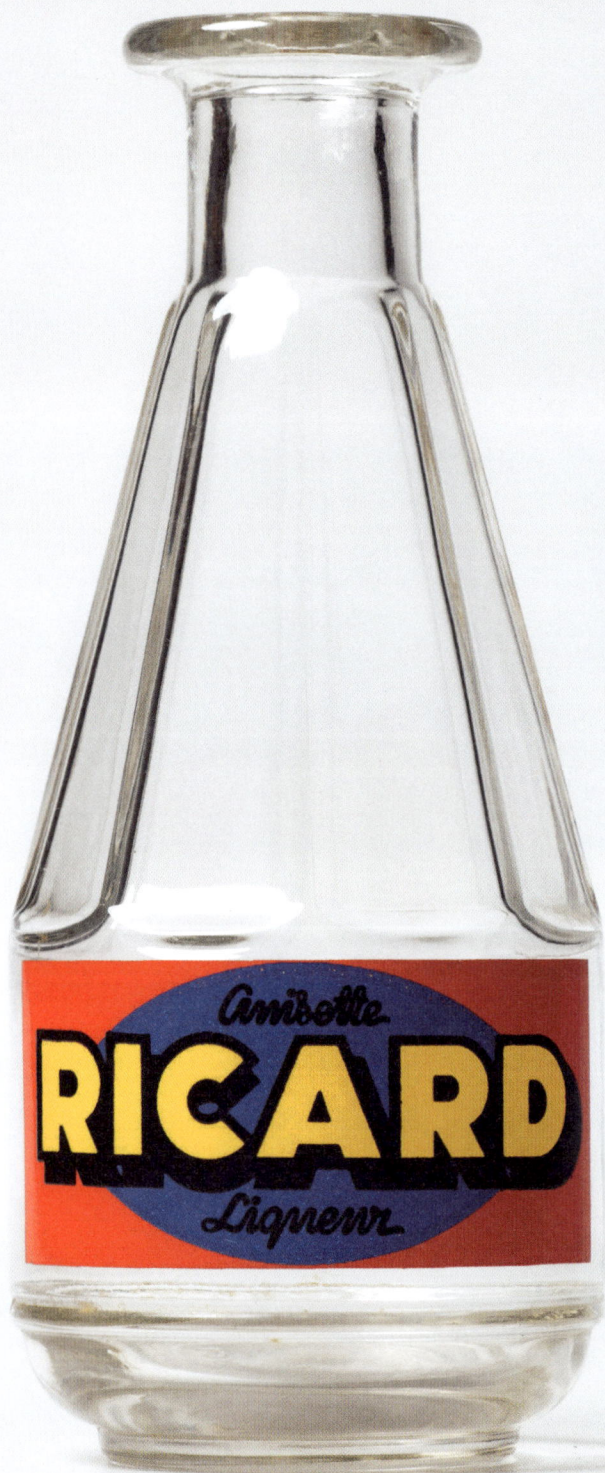

dans notre patrimoine sans jamais se figer dans le temps.
Dessiner cette nouvelle carafe, c'est poursuivre le mouvement
et s'inscrire dans une histoire plus globale ».
En réponse au goût actuel pour le vintage, tendance de fond
des premières décennies du XXIe siècle, la dernière-née
des carafes Ricard est dans cet esprit.

LE SUCCÈS EST IMMÉDIAT ET SPECTACULAIRE – LES GARÇONS DE CAFÉ RAPPORTENT AUX REPRÉSENTANTS RICARD QUE PLUS D'UN CLIENT QUITTE SA TABLE EN L'EMPORTANT DISCRÈTEMENT.

Designing this new carafe means continuing that movement
and joining a broader story."
In response to today's taste for vintage—a strong trend
in the early decades of the 21st century—the latest Ricard carafe
is in this spirit.

ITS SUCCESS WAS IMMEDIATE
AND STRIKING: CAFÉ
WAITERS REPORTED
TO RICARD REPS THAT
IT WAS NOT UNHEARD
OF FOR CUSTOMERS
TO SNEAK THEM AWAY
WHEN THEY LEFT THE TABLE.

D'un siècle à l'autre et de gauche à droite, la carafe Ricard change et la marque demeure telle qu'en elle-même «l'éternité la change», comme le dit un jour le poète Paul Valéry à propos de la mer. Carafe Mathieu Lehanneur, modèle 2014, carafe Mathieu Lehanneur, modèle 2017, revu par l'agence Yorgo&Co en 2022 pour le 90ᵉ anniversaire du Ricard, carafe 1934 et carafe fin des années 1930.

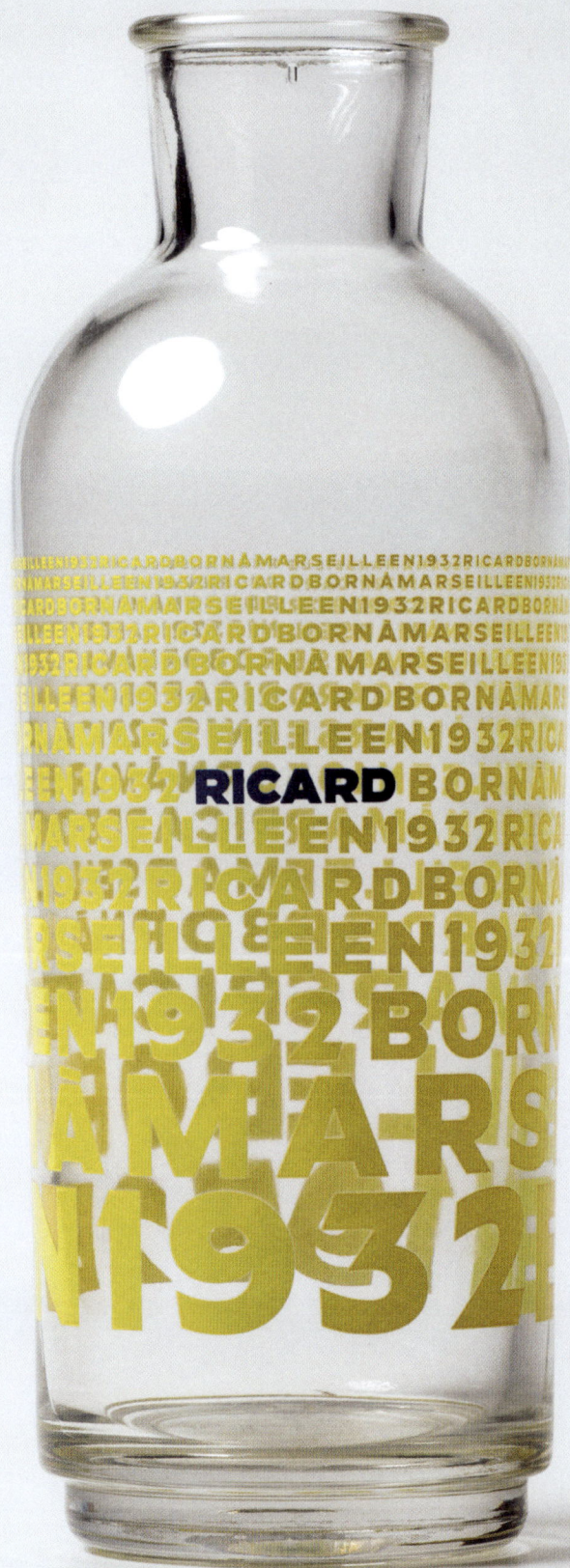

From one century to the next, the Ricard carafe changes – while the brand remains, "transformed by eternity", as poet Paul Valéry once said of the sea. Shown here (from left to right) are Mathieu Lehanneur's carafe (2014 model), his 2017 model revised by Yorgo&Co in 2022 for Ricard's 90th anniversary, a 1934 carafe and a late 1930s carafe.

La carafe Ricard vue par Mathieu Lehanneur (modèle 2017 avec le logo
«au Soleil Jaune Ricard» conçu par l'agence Yorgo&Co en 2024), le verre
assorti et la célèbre bouteille créée par l'agence Coley Porter Bell en 2011.

*Mathieu Lehanneur's 2017 Ricard carafe adorned with a logo designed
by Yorgo&Co in 2024, with matching glass and the famous bottle created
by Coley Porter Bell in 2011.*

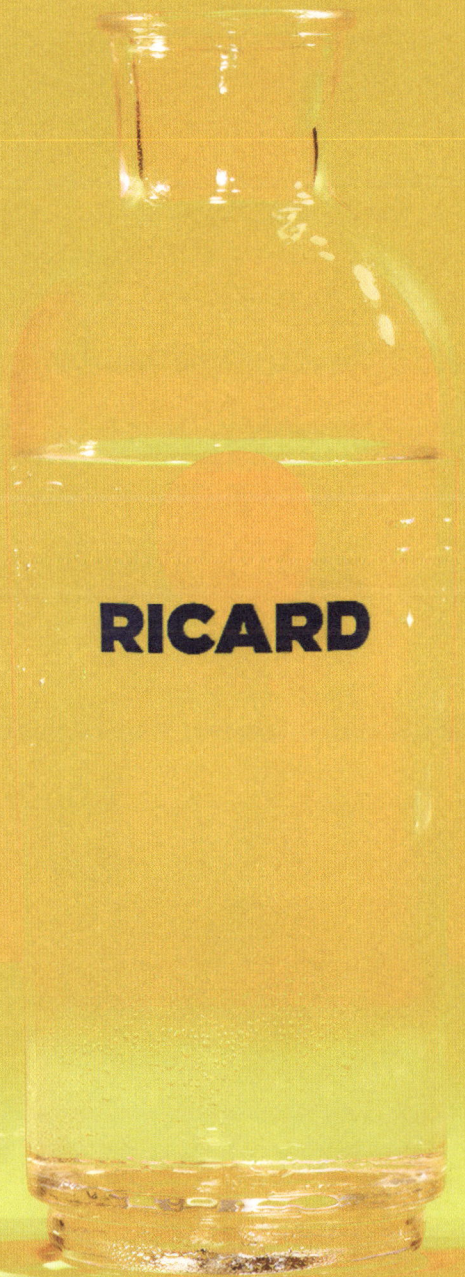

3.4

——

*Ce cendrier au décor de fond marin a été fabriqué à l'occasion
du 45ᵉ anniversaire de la marque dans l'atelier de céramique Ricard,
installé dans l'usine historique de Sainte-Marthe.*
*This seabed-themed ashtray was produced for the brand's 45th anniversary
at Ricard's ceramic workshop in its historic Sainte-Marthe factory.*

LE CENDRIER

THE ASHTRAY

À côté du broc et de la carafe, le cendrier Ricard compte parmi les étoiles hypergéantes de la galaxie des objets publicitaires. De forme carrée ou rectangulaire, les exemplaires les plus anciens datent de 1938. Cette année-là, Paul Ricard organise sa première grande campagne publicitaire hors de Provence pour s'implanter à Lyon et dans sa région. Également fabriqués par Revol, ils sont en céramique et peu ou prou de la même couleur «pain brûlé» que les brocs qui sont déjà présents sur les tables et les comptoirs des cafés. Il faut attendre le début des années 1950 pour qu'apparaissent des cendriers ronds et triangulaires dont la couleur tend rapidement vers le jaune... Le nombre de modèles et les déclinaisons augmentent irrésistiblement. La croix de Méjanes, près des Saintes-Maries-de-la-Mer, où Paul Ricard a acquis un domaine en 1940, devient un motif récurrent.
La série la plus connue est sans doute celle des cendriers en opalex, en verre coloré en jaune, frappés du logo Ricard. Sa production s'est poursuivie avec l'arrivée des matières plastiques (d'abord la mélamine). Son succès est tel

Alongside the pitcher and the carafe, the Ricard ashtray ranks among the supernovas in the brand's galaxy of promotional items. Square or rectangular in shape, the earliest examples date back to 1938. That year, Paul Ricard ran his first major advertising campaign outside Provence to establish the brand in Lyon and the surrounding region. Also produced by Revol, these ashtrays were ceramic and more or less the same "burnt bread" color as the pitchers already on café tables and counters. It wasn't until the early 1950s that round and triangular ashtrays appeared, quickly shifting toward Ricard's signature yellow. The number of models and variations grew continuously. The Cross of Méjanes, near Les Saintes-Maries-de-la-Mer, where Paul Ricard bought an estate in 1940, became a recurring motif.
The most famous series is probably the "opalex" ashtrays, made of yellow glass and stamped with the Ricard logo. Production continued with the arrival of plastics (starting with melamine). Their popularity was such that they became an enduring symbol of Ricard. Unsurprisingly, this model, one of French

Ce cendrier carré est une pièce recherchée par les collectionneurs, séduits par la sensation de mouvements qui se dégagent de ses lignes dynamiques.
This square ashtray is prized by collectors for the sense of movement conveyed by its dynamic lines.

Datant des années 1930, ces premiers cendriers distribués par les représentants sont reconnaissables au nom de la marque appliqué au pochoir dans une typographie à la fois puissante et élégante.
Dating back to the 1930s, these early ashtrays handed out by sales reps are recognizable by the brand name stencilled in a typeface that is both bold and elegant.

Modèles de cendriers distribués dans le réseau CHR (cafés, hôtels, restaurants) : cendrier carré au pochoir en céramique (1938), cendriers triangulaires en céramique (1950), cendrier en verre fumé, triangulaire en mélamine, cendrier en verre, cendrier en plastique, et le cendrier Saturne, conçu par Garouste & Bonetti en 1995, ici dans sa version en céramique.

A selection of ashtrays distributed through the hotel–restaurant–café (HoReCa) network: a square ceramic ashtray with stencilled brand name (1938), triangular ceramic ashtrays (1950), smoked-glass ashtray, triangular melamine ashtray, glass ashtray, plastic ashtray, and the Saturne ashtray designed by Garouste & Bonetti in 1995, shown here in its ceramic version.

qu'elle est passée à la postérité comme le symbole du Ricard. Ce n'est donc pas un hasard si ce modèle, un des objets de mémoire de la société de consommation française, a inspiré les artistes. Il n'est que de citer la peinture *Ça fait 3 ans déjà* (2003) de Gérard Schlosser qui fait partie de la collection Danièle Ricard et la table basse de Stefan Nikolaev dont Alexandre Ricard possède un exemplaire. Parallèlement, Paul Ricard a créé, dans l'usine de Sainte-Marthe, un atelier de céramique où sont produits, entre autres, des cendriers destinés à être offerts, notamment à l'occasion des fêtes de fin d'année, et non à être distribués dans le réseau des cafés, hôtels et restaurants... qui continue à être approvisionné. De nouveaux modèles voient le jour, comme ceux en verre fumé, ou comme le superbe cendrier Saturne (corps bleu azur et anneau jaune vif) créé par Garouste & Bonetti, et à propos duquel le célèbre duo de designers déclarait : «L'image de la toupie nous a inspirés. [...] Nous avons vu le cendrier Ricard comme un objet joyeux qui danse sur la table, qui culbute sans jamais tomber.» En 2007, l'extension de l'interdiction de fumer à tous les lieux fermés et couverts accueillant du public sonne le glas du cendrier. Le cendrier publicitaire est mort, vive le cendrier! Les collectionneurs recherchent aujourd'hui encore ces témoins d'un temps révolu, qui avaient largement investi les salons et salles à manger des Françaises et des Français. Ce dont se souvient Alexandre Ricard : «Ce n'est pas un grand secret : lorsque ses équipes lui ont fait savoir qu'il y avait un problème avec les cendriers car ils disparaissaient des tables, Paul Ricard avait toutes les raisons de sourire. Cela témoignait non seulement de la popularité de son produit, mais aussi de l'engouement pour l'univers de la marque qu'il a progressivement et méticuleusement élaboré.»

consumer society's most iconic souvenirs, inspired artists. Examples include Gérard Schlosser's 2003 painting *Ça fait 3 ans déjà* (It's been three years already), part of Danièle Ricard's collection, and a coffee table by Stefan Nikolaev, one of which belongs to Alexandre Ricard.
At the same time, Paul Ricard set up a ceramics workshop at the Sainte-Marthe factory. Among other things, it produced ashtrays intended as gifts, especially around the holiday season, rather than for distribution in the HoReCa network, which continued to receive its own supply. New models are emerging, such as those made of smoked glass, or the striking Saturne ashtray (with an azure body and bright yellow ring), created by Garouste & Bonetti. The famous design duo said of it: "We were inspired by the image of a spinning top. We imagined the Ricard ashtray as a joyful object that dances on the table, that wobbles but never falls over."
In 2007, the extension of a smoking ban to all enclosed public spaces in France marked the death knell for the ashtray. The advertising ashtray was dead; long live the ashtray! Collectors still seek out these witnesses to a bygone era which once had pride of place in French living and dining rooms. As Alexandre Ricard recalls: "It's no big secret. When his sales teams told him there was a problem with ashtrays going missing from tables, Paul Ricard had every reason to smile. It showed not only how popular his product was, but also the enthusiasm for the brand world he had so carefully and deliberately constructed."

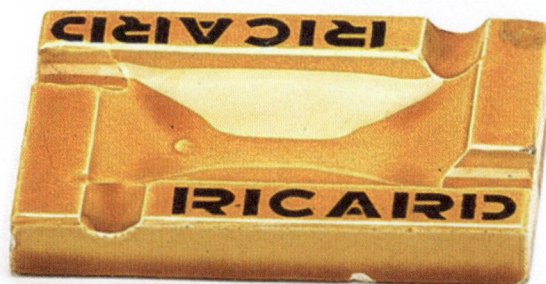

Sélection mêlant cendriers distribués dans le réseau CHR (de couleur marron clair ou jaune, sans décor particulier et d'autre mention que celle de la marque) et cendriers liés à des occasions ou des lieux particuliers.

A selection combining ashtrays from the HoReCa network (in light brown or yellow, plain except for the brand name) and ashtrays linked to specific events or places.

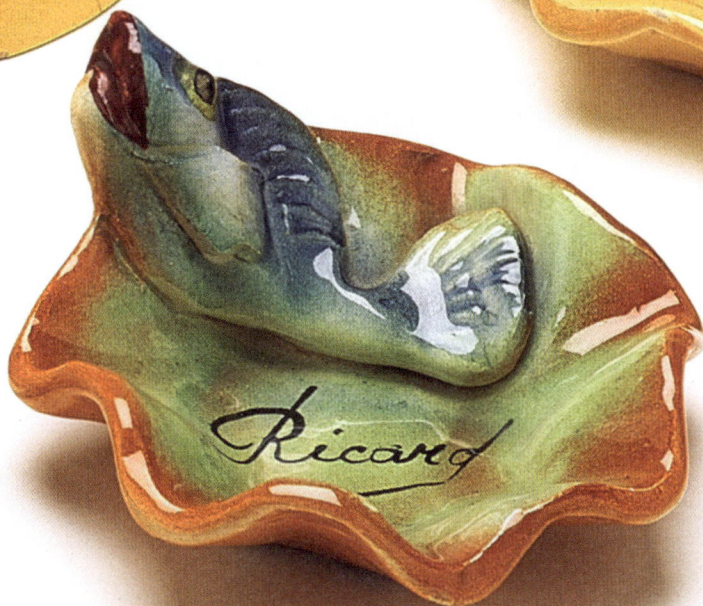

144

3.5
▬

Vendues, mais avant tout largement distribuées comme objets publicitaires, les mignonettes ont connu un large succès.
Ricard sold its miniature bottles but mainly gave them away as promotional items, and they became very popular.

LA MIGNONNETTE THE MINIATURE

Petite bouteille en verre, la mignonnette apparaît à la fin du XIXᵉ siècle. Il s'agit alors d'un objet publicitaire identique à la bouteille originale de grand format. Utilisée pour la dégustation, elle contient entre 2 et 10 cl. Selon leur taille, les mignonnettes Ricard sont remplies d'une ou deux doses de pastis, soit 2 cl ou 4 cl. Elles connaissent un succès important pendant les Trente Glorieuses. Malgré les chocs pétroliers de 1973 et 1979, leur essor se poursuit durant les années 1970 et 1980. Les mignonnettes ne sont pas seulement distribuées ; elles sont également vendues dans les trains et les avions, mais aussi comme souvenir ou comme cadeau. Aujourd'hui, elles sont particulièrement recherchées à tel point qu'un mot a été forgé pour désigner celui qui les collectionne, le buticulamicrophile !

The miniature glass bottle first appeared in the late 19th century. It was originally a promotional item, identical in shape to the full-sized bottle. Intended for sampling, it holds between 2 cl and 10 cl. Depending on their size, Ricard *mignonnettes* contained one or two measures of pastis, that is 2cl or 4cl. Miniatures were very popular during the *Trente Glorieuses*. Despite the oil shocks of 1973 and 1979, their success continued through the 1970s and 1980s. The miniatures were not just given away; they were also sold on trains and planes and bought as souvenirs or gifts. Today, they are especially sought after—so much so that there's even a word for someone who collects them: *buticulamicrophile* (lover of miniature bottles).

AUJOURD'HUI, ELLES SONT PARTICULIÈREMENT RECHERCHÉES À TEL POINT QU'UN MOT A ÉTÉ FORGÉ POUR DÉSIGNER CELUI QUI LES COLLECTIONNE, LE BUTICULAMICROPHILE !

TODAY, THEY ARE ESPECIALLY SOUGHT AFTER - SO MUCH SO THAT THERE'S EVEN A WORD FOR SOMEONE WHO COLLECTS THEM: *BUTICULAMICROPHILE* (LOVER OF MINIATURE BOTTLES)!

3.6

Conçu par les frères Ronan et Erwan Bouroullec en 2003, le set night-club comprend un pichet ainsi qu'un seau et un bac à glaçons.
Designed by Ronan and Erwan Bouroullec in 2003, the nightclub set includes a pitcher as well as an ice bucket and ice bin.

LIGNES D'OBJETS

LINES OF MERCHANDISE

LE SET NIGHT-CLUB DE RONAN ET ERWAN BOUROULLEC

Quand l'agence Kreo suggère à Ricard de travailler avec Ronan et Erwan Bouroullec, les deux frères ont déjà effectué une entrée remarquée sur la scène du design – New Designer Award lors de l'International Contemporary Furniture Fair de New York en 1999. Leur utilisation d'un minimum de matière, leur simplification des concepts et des techniques, leur goût pour les surfaces libres définissent une écriture singulière. La nouvelle ligne d'objets qu'ils conçoivent en 2003 pour Ricard est destinée aux bars et aux discothèques. Elle affiche un jaune éclatant qu'électrisent des bandes phosphorescentes réfléchissant la lumière et permettant de distinguer les objets dans la pénombre. Le pichet est d'emblée reconnaissable à ses formes atypiques – sans bec verseur et sans poignée, il se saisit à pleines mains et permet de verser l'eau des deux côtés. À l'inverse, le plateau est doté de poignées qui amplifient son mouvement aérien. Le seau et le bac à glaçons se distinguent par leurs courbes arrondies, simples et harmonieuses.

« L'impertinence de la marque, soulignent Ronan et Erwan Bouroullec, est ainsi perceptible à travers les formes non codées du pichet, car celui-ci pourrait aussi bien être une base. La luminosité provient de l'éclat du jaune, mais aussi des bandes qui réfléchissent la lumière, font scintiller l'objet et rayonner l'espace. »

DÉGUSTER UN RICARD CITRON AVEC LES TSÉ & TSÉ

Lancé en 2003, le Ricard Citron s'accompagne d'un rituel de dégustation dont les ustensiles ont été conçus par Catherine Lévy et Sigolène Prébois, alias les Tsé & Tsé. À rebours de leur nom évoquant la mouche qui transmet la maladie du sommeil, elles s'emploient à sortir les objets de la torpeur

THE NIGHTCLUB SET BY RONAN AND ERWAN BOUROULLEC

When the Kreo agency suggested that Ricard work with Ronan and Erwan Bouroullec, the two brothers had already made a strong impression on the design scene, winning the New Designer Award at New York's International Contemporary Furniture Fair in 1999. Their distinctive style was defined by minimal use of material, simplified concepts and techniques, and a taste for open, unbroken surfaces. The new line of objects they designed in 2003 for Ricard was aimed at bars and nightclubs. It featured a striking yellow electrified by phosphorescent bands that reflected light, making the objects visible in the dark. The pitcher was instantly recognizable for its unconventional shape—lacking both spout and handle, it was meant to be gripped with both hands and could pour water from either side. By contrast, the tray was given handles that amplified its airy, floating quality. The ice bucket and ice bin stood out for their simple, harmonious rounded curves.

As Ronan and Erwan Bouroullec explain, "The brand's irreverence can be seen in the pitcher's uncoded forms, since it could just as easily be a base. The brightness comes from the vivid yellow, but also from the bands that reflect light, make the object sparkle, and light up the space."

TRY A RICARD CITRON WITH TSÉ & TSÉ

Launched in 2003, Ricard Citron came with its own drinking ritual whose utensils were designed by Catherine Lévy and Sigolène Prébois, aka Tsé & Tsé. Contrary to their name, which evokes the sleeping sickness-transmitting tsetse fly, the duo works to bring objects out of the torpor of everyday life. The result is four bright yellow utensils with the words "Ricard"

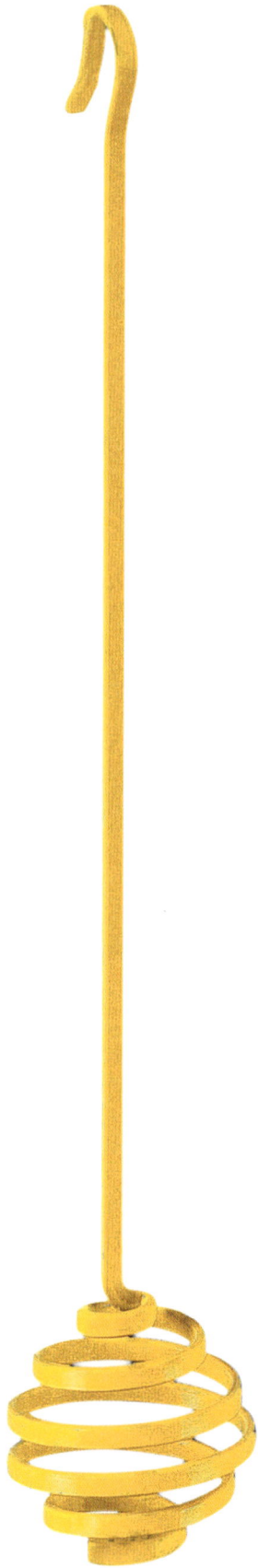

Imaginée par Catherine Lévy et Sigolène Prébois, alias les Tsé & Tsé, la ligne Ricard «Citron» se compose d'un couteau, d'un agitateur ainsi que d'une coupelle (page 158) et d'une pince (page 159). La pince à glaçons a été conçue par un autre duo, Garouste & Bonetti, en 2002.
Conceived by Catherine Lévy and Sigolène Prébois, known as Tsé & Tsé, the Ricard "Citron" line comprises a knife, a stirrer, a small bowl (page 158), and tongs (page 159). The ice tongs were designed by another duo, Garouste & Bonetti, in 2002.

du quotidien. De leur réflexion sont nés quatre ustensiles jaune vif et affichant tantôt «Ricard», tantôt «citron» en lettres découpées : un petit canif pour couper le citron, une coupelle où poser les rondelles, une pince pour les saisir et un agitateur pour les presser puis mélanger le jus.

LA LIGNE RICARD PLEIN AIR DE ROBERT STADLER

En juin 2007, Ricard présente le broc Plein Air, bientôt rejoint par un bac à glace, tous deux créés par Robert Stadler, un des fondateurs du collectif Radi Designers. Envisageant l'objet comme générateur d'un nouveau comportement, il s'interroge sur le sens à lui donner et, partant, sur «la frontière entre préciosité et modicité, entre élégance et banalité, entre sérieux et absurde». Le nouveau broc Ricard impose son énergie lumineuse avec simplicité. Pensé comme une matière vivante, il est coiffé d'une peau translucide avec un grain givré qui renforce l'impression de fraîcheur. Robert Stadler a conçu «un broc qui célèbre le mouvement de l'eau». C'est en effet elle qui donne au pastis son opacité et sa fraîcheur.

and "citron" (lemon) cut out: a small penknife to slice the lemon, a dish to put the slices in, tongs to grip them and a stirrer to squeeze them and mix the juice.

THE RICARD PLEIN AIR (RICARD OPEN AIR) LINE BY ROBERT STADLER

In June 2007, Ricard unveiled the Plein Air pitcher, soon joined by an ice bucket, both created by Robert Stadler, one of the founders of the Radi Designers collective. Seeing the object as something that could shape new behavior, Stadler questioned the meaning it should embody and, by extension, "the boundary between preciousness and modesty, elegance and ordinariness, seriousness and absurdity." The new Ricard pitcher radiated its luminous energy with simplicity. Conceived as a living material, it is covered with a translucent, frosted skin that enhances the impression of coolness. Robert Stadler designed "a pitcher that celebrates the movement of water." After all, it is water that gives pastis its cloudiness and refreshing character.

Ligne Ricard «Plein Air» imaginée par Robert Stadler au début des années 2000.
The Ricard "Plein Air" line designed by Robert Stadler in the early 2000s.

LA LIGNE RICARD PAR MATHIEU LEHANNEUR

Mathieu Lehanneur s'est inspiré du verre ballon pour créer cette ligne verre et carafe dont le dessin est guidé par les différentes étapes du fameux rituel Ricard. « Savoir doser son Ricard est tout un art… surtout lorsque les glaçons s'en mêlent », souligne-t-il. Ainsi, le pied du verre est destiné à contenir une dose de 2 cl de Ricard ; sa forme spécifique en creux, resserrée dans le haut, bloque les glaçons et empêche leur contact avec le pastis. Puis le verre s'évase pour accueillir l'eau. « C'est elle qui réunit Ricard et glaçons », observe le designer.

La carafe est dérivée du verre. Avec ses lignes courbes, elle semble respirer, créant un mouvement ample, analogue à celui de l'eau.

« J'aime les objets qui induisent des rituels et des gestuelles, souligne Mathieu Lehanneur. Ils existent par les yeux un instant, mais se découvrent dans leur utilisation. Pour Ricard, ce rituel se devait d'être précis tout en restant instinctif, à l'image de la marque, à la fois exigeante et spontanée. »

THE RICARD LINE BY MATHIEU LEHANNEUR

Mathieu Lehanneur took inspiration from the balloon glass to create this line of glass and carafe, with a design shaped by the different stages of the famous Ricard ritual. "Measuring out your Ricard is an art in itself… especially when ice gets involved," he points out. The base of the glass is designed to hold a 2 cl measure of Ricard. Its distinctive hollow shape, narrowing at the top, stops the ice from coming into contact with the pastis. Then the glass flares outward to receive the water. "It's the water that brings Ricard and ice together," the designer notes.

The carafe is derived from the glass. With its curved lines, it seems to breathe, creating a generous movement reminiscent of flowing water.

"I love objects that create rituals and gestures," says Mathieu Lehanneur. "They exist for the eyes in an instant, but reveal themselves in use. For Ricard, this ritual needed to be precise yet intuitive, true to the brand's character—both exacting and spontaneous."

La ligne Ricard dessinée par Mathieu Lehanneur en 2017 et repensée par Yorgo Tloupas en 2022 pour les 90 ans de la marque.
Ricard line designed by Mathieu Lehanneur in 2017 and styled by Yorgo Tloupas in 2022 to celebrate the brand's 90th anniversary.

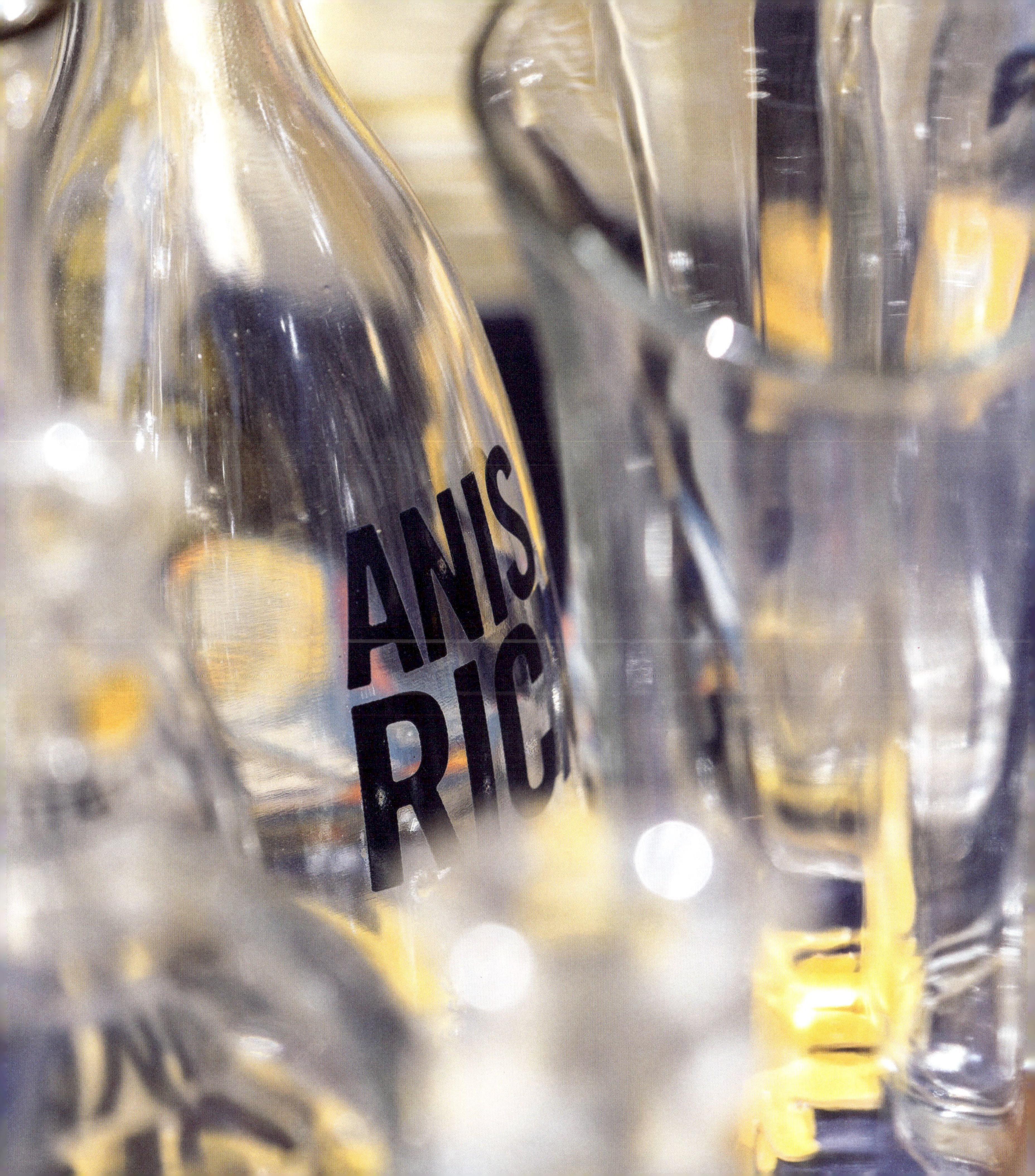
ANIS
RIC

Le logo conçu en 2016 par l'agence Yorgo&Co est mis à l'honneur sur un large éventail d'objets en verre : carafe par Mathieu Lehanneur (modèle 2017).

The logo designed in 2016 by the agency Yorgo&Co appeared on a wide array of glass including: a carafe by Mathieu Lehanneur (2017 model).

Verre «long drink», légèrement évasé, verre ballon, carafe-pichet et verre «tube» conçus en 2012 par Éric Barthes.

Glasses and a glass pitcher designed in 2012 by Éric Barthes.

Le verre et la carafe Mathieu Lehanneur, modèle 2017, sont marqués du nouveau logo conçu en 2024 par l'agence Yorgo&Co. Le plateau reproduit le «pattern» Ricard imaginé par la même agence.
Mathieu Lehanneur's 2017 glass and caraf bear the new logo designed in 2024 by Yorgo&Co. The tray reproduces the Ricard "pattern" conceived by the same agency.

EN SALLE : LE PLATEAU ET SES OBJETS DE SERVICE

IN THE CAFÉ: THE TRAY AND ITS SERVICE ITEMS

À travers la caméra du réalisateur Gilles Grangier, Jean Gabin alias Maigret «voit rouge» – film sorti en 1963. Avec Ricard, le commissaire aurait vu «jaune», à l'instar des plateaux (de service et non de tournage). C'est donc sur un fond, le plus souvent jaune, plus rarement bleu, en métal ou en matière plastique, que se détache le logo Ricard, en caractères bleus ou blancs dans un cartouche bleu. À l'instar d'autres objets pris en compte sur la longue durée, les plateaux reflètent l'évolution du logo – ce qui présente l'avantage de les dater. Ces dernières années, la nouvelle identité visuelle de la marque conçue par l'agence Yorgo&Co en 2016, puis revue en 2024 ainsi que les motifs créés en 2022 pour le 90e anniversaire de Ricard, ont été autant d'occasions de fabriquer des plateaux d'ores et déjà recherchés par les collectionneurs.

Avec le lancement des séries limitées à partir des années 1990, un plateau accompagne parfois les bouteilles sérigraphiées. C'est le cas avec la collection Créations & Saveurs. Pour l'édition 2000, François Boisrond peint *La réglisse*, composition reprise pour un plateau et un verre tumbler.

En salle, le serveur utilise d'autres objets qu'il sort de son gilet, tient à la main ou pose sur son plateau, auxiliaire indispensable : le fameux limonadier (à la fois décapsuleur et tire-bouchon), les menus, les sous-verre, la coupelle pour l'addition, le bloc-notes et son stylo, etc.

Typically yellow—though sometimes blue—and made of metal or plastic, Ricard trays feature the company logo in blue or white letters within a blue cartouche. Like other items considered over the long term, the trays reflect the logo's evolution, which has the added advantage of helping to date them. In recent years, the brand's new visual identity, created by the Yorgo&Co agency in 2016 and updated in 2024, as well as the designs created in 2022 for Ricard's 90th anniversary, have all been opportunities to produce trays that are already sought after by collectors.

With the introduction of limited editions in the 1990s, a tray sometimes accompanied the screen-printed bottles. This was the case with the *Créations & Saveurs* collection. For the 2000 edition, François Boisrond painted *La Réglisse* (licorice) a composition used on both a tray and a tumbler glass.

In the café, waiters also use other items kept in their waistcoat, held in their hand, or placed on their indispensable tray: the famous *limonadier* (bottle opener-cum-corkscrew), menus, coasters, the small dish for the check, notepad and pen, and so on.

3.8

SUR LE ZINC : OBJETS DE COMPTOIR

COUNTERTOP ITEMS

Les objets utilisés au comptoir se distinguent par leur très grande variété. En tête arrive le doseur qui permet de verser exactement 2 cl de pastis dans le verre. Le but des barmans étant de présenter un nombre de bouteilles, cet objet est peu volumineux et donc à peine remarqué. Certes, il existe des exceptions, notamment du côté du pastis avec le doseur boule. Reste que cet objet indispensable méritait un autre traitement. C'est sans doute la raison pour laquelle Ricard a sollicité les Radi Designers en 1999. Quatuor formé en 1992, les Radi travaillent, comme leur nom l'indique, sur la Recherche et l'Autoproduction du Design Industriel. Leur approche mêle humour, poésie et fonctionnalité.

Objects used at the bar counter stand out for their great variety. First among them is the measure, which allows exactly 2 cl of pastis to be poured into the glass. Bartenders want to display as many bottles as possible, so this tool is small and barely noticeable. Of course, there are exceptions, notably in pastis service with the "ball" measure. Still, this essential object deserved more thoughtful treatment. That's likely why Ricard turned to Radi Designers in 1999. A quintet founded in 1992, Radi (whose name stands for Recherche et Autoproduction du Design Industriel, or *Research and Self-Production in Industrial Design*) is known for combining humor, poetry, and functionality.

Sucrier, porte-œufs fabriqués par les ateliers de céramique Ricard.

Sugar bowl and egg holder made by the Ricard ceramics workshops.

Primé au concours de design d'Osaka en 1995, leur interrupteur Switch les place sous les feux de l'actualité. Pour Ricard, ils ont choisi de repenser de manière radicale le rapport entre la bouteille et le doseur. «Habiller une bouteille tête en bas a quelque chose de renversant, s'amusent à souligner les Radi. C'est pourquoi, pour habiller la bouteille Ricard, nous avons pensé à une longue robe éclatante de lumière. Résultat : malgré cette position acrobatique, Ricard garde toute sa dignité et son élégance.»

La nécessité technique n'est pas oubliée au profit de la dimension esthétique. La mécanique est ainsi dissimulée à l'intérieur, évoquant une robe longue décolletée. Cette forme a inspiré une collection de «prêt-à-doser», avec deux doseurs muraux de tailles différentes et un doseur de table, tous les trois jaunes.

Lancée en 2001, la nouvelle ardoise Ricard a été réalisée par Pierre Charpin. Avec ses formes sobres et arrondies, elle dénote à la fois par sa simplicité et par son originalité. Partisan d'objets aussi «simples» qu'«évidents», en «articulation avec le monde qui les contient», le designer

Their Switch light switch, which won a prize at the Osaka design competition in 1995, brought them wider recognition. For Ricard, Radi radically rethought the relationship between the bottle and the dispenser. As they put it, dressing a bottle upside down is "quite a reversal," so they imagined giving the Ricard bottle a long, radiant "gown of light." The result maintained Ricard's dignity and elegance, even in this acrobatic position. The designers didn't neglect the technical aspects for the sake of aesthetics: the mechanism was hidden inside, like the plunging neckline of an evening dress. This design inspired a whole "ready-to-measure" collection, featuring two wall-mounted measures of different sizes and a tabletop version, all in Ricard's signature yellow.

Launched in 2001, the new Ricard menu board was designed by Pierre Charpin. With its clean, rounded lines, it stands out for both its simplicity and its originality. An advocate of objects that are as "simple" as they are "self-evident," in "dialogue with the world that contains them," Charpin had already found success with furniture like the Slice armchair. He explains his approach for Ricard thus: "I wanted to give this object

a rencontré le succès avec des meubles tels le fauteuil Slice.
Il précise la démarche qu'il a adoptée pour Ricard :
« J'ai souhaité donner une dimension ludique à cet objet
en jouant sur l'articulation du montant et de l'ardoise elle-même
et dans le face-à-face des couleurs Ricard : le jaune lumineux
et inaltérable du montant et le bleu profond de l'ardoise
dont la densité variera au fil des menus. »
Ayant inauguré la série des objets de designers en 1995
avec leur célèbre carafe, le duo Garouste & Bonetti récidive
en 2000 avec une horloge boule dont le soleil rayonnant
incarne la douceur de vivre de la Méditerranée et, en 2002,
avec une élégante pince à glaçons.
Les objets Ricard n'ont pas tous été conçus par des designers,
ce qui ne rend caduque ni leur caractère fonctionnel
ni leur éventuelle dimension esthétique. Posés sur le zinc,
ces objets forment une étonnante farandole – à l'origine
une danse populaire provençale. En dresser la liste exhaustive
tient de la gageure. Il n'est que d'en citer quelques-uns :
calendrier, porte-œufs, thermomètre, sucrier, seau à glace…
Ne manque que le son du galoubet et du tambourin
pour que la fête soit complète !

a playful dimension by working on how the stand and the board itself connect, and on the interplay of Ricard's signature colors: the bright, unfading yellow of the stand and the deep blue of the board, whose intensity changes with each new menu." Having kicked off Ricard's designer-object series in 1995 with their famous carafe, the duo Garouste & Bonetti returned in 2000 with a spherical clock whose radiant sun design evokes the Mediterranean art of living, and in 2002 with an elegant pair of ice tongs.
Not all Ricard merchandise was designed by big-name designers, which doesn't make the items any less functional or potentially beautiful. Spread out along the zinc bar top, these objects form an astonishing *farandole*[2]. Listing them all would be quite the challenge, so a few examples will suffice: calendars, egg cup holders, thermometers, sugar bowls, and ice buckets… All that's missing is the sound of the traditional Provençal flute and drum to complete the party!

[2] A *farandole* is a traditional Provençal folk dance, in which participants hold hands in a chain. This has lent the word an additional meaning: a lively procession or sequence of things.

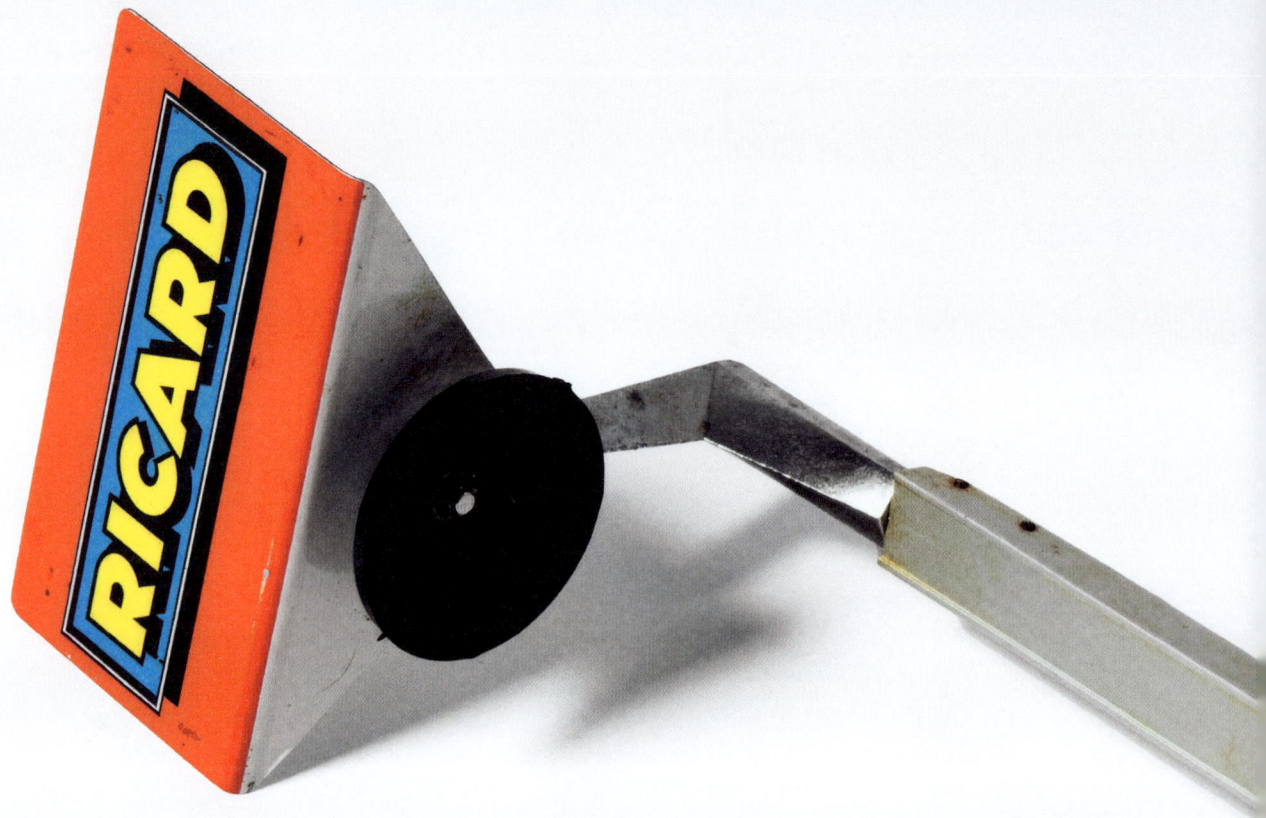

Bec verseur et doseur mural Ricard.
Ricard pourer and wall-mounted dispenser.

S'inspirant du mur peint par Olivier Cauquil en 1987 où figurait un broc Ricard quittant le port de Marseille tel un transatlantique de la Compagnie générale, cette horloge de bar est un objet rare.
Inspired by the mural painted by Olivier Cauquil in 1987, showing a Ricard jug leaving Marseille port in the form of an ocean liner from the Compagnie Générale, this bar clock is a rare item.

Pour la pendule boule lancée en 2000, Garouste & Bonetti ont repris le soleil de leur carafe qui avait rencontré un immense succès.
For this spherical clock launched in 2000, Garouste & Bonetti reused the sun motif from their hugely popular carafe.

Bac à glaçons Ricard.
Ricard ice bucket.

3.9

JEUX

GAMES

« Catalyseur de bons moments », Ricard a distribué de nombreux jeux de société ou accessoires liés aux jeux de hasard. Aux panneaux affichant les résultats du Loto au PMU, le Paris mutuel urbain cher aux turfistes, ont succédé des jeux de cartes. Paquets de 32 cartes pour la belote et de 52 pour le bridge, le poker, la canasta, les jeux de tarots, etc. Des jetons, en bois puis en plastique, ont été fabriqués. La bouteille et les verres de la collection La Provence des Impressionnistes étaient accompagnés par un jeu « composé de 32 cartes biseautées permettant quelques tours de magie simples à exécuter, notamment le jeu de "la carte

Ricard, which has traditionally promoted itself as a "catalyst for good times," has produced many board games and accessories for games of chance. Betting shop posters showing Loto results were followed by playing cards—packs of 32 for *belote* and 52 for bridge, poker, canasta, tarot games, and so on. Chips were made too, first in wood and then in plastic. The bottle and glasses in the *La Provence des Impressionnistes* collection came with a set of 32 beveled cards designed for a few rudimentary magic tricks, notably the found card trick or the magic joker-king. "To perform this little card trick," the accompanying instructions explained, "you cover the joker

Des jeux de cartes Ricard (32, paquet rouge, et 54, paquets bleus) forment une composition avec une coque pour téléphone mobile à destination des salariés de l'entreprise et une coupelle pour l'addition.
Ricard-branded playing cards, mobile phone case for the company's staff and check tray.

Pistes de dés Ricard, avec jetons et feutrine aux couleurs de la marque.
Ricard dice trays, with branded chips and felt.

Maison fondée en 1873, spécialisée dans les objets publicitaires en papier, Chambrelent réalise des masques pour Ricard à la fin des années 1930. Les traits du troisième personnage rappellent ceux de Filochard, un des trois Pieds Nickelés.
Chambrelent, a company founded in 1873 and specializing in paper-based promotional items, made masks for Ricard in the late 1930s. The features of the third character resemble Filochard, one of the three Pieds Nickelés, a trio of petty criminals in a famous comic strip.

retrouvée" » ou encore le « joker-roi magique ». « Pour réaliser ce petit tour de cartes, on recouvre le joker avec le roi de cœur. On pose ces deux cartes sur la carte truquée en formant un éventail qui donne l'illusion de présenter trois cartes : dame, valet et roi de cœur... » Sur le dos de chaque carte est reproduit La mer à l'Estaque, 1878-1879, de Cézanne ayant appartenu à Picasso. Le logo Ricard a aussi été apposé sur des tapis de jeu et des pistes de dés – le 421 qui se joue avec 3 dés et le Yam avec 5 comptent parmi les jeux les plus pratiqués. Des boîtes de domino et des yoyos – de nouveau à la mode dans les années 1980 – ont vu le jour, ainsi que des Baby-foot estampillés Ricard.

Parmi les « ricardiens » ludophiles, certains s'interrogent sur l'absence de Nain « jaune » et de jeu de Taquin pourtant utilisés par l'agence BETC en 2011 dans une campagne publicitaire pour la nouvelle bouteille de Ricard.

with the king of hearts. You place those two cards on top of the tricked card, fanning them to create the illusion of showing three cards: queen, jack and king of hearts..." The back of each card features The Sea at l'Estaque (1878–1879) by Cézanne, once owned by Picasso.

The Ricard logo also appeared on gaming mats and dice trays. 421, played with three dice, and Yam, with five, rank among the most popular games. Boxes of dominoes and yoyos, which came back into fashion in the 1980s, also came out, as well as Ricard-branded table football games.

Among the game-loving Ricardians, some have wondered about the absence of branded versions of Nain Jaune (a classic French board game) or Taquin (a sliding-tile puzzle), even though both featured in a 2011 advertising campaign by the BETC agency for Ricard's new bottle.

Tapis de jeu et cartes Ricard.

Ricard mat and deck of cards.

UN RICARD

E. CHAMBRELENT Impr. S.A. E.T.I.D.P. PARIS

UN RICARD

E. CHAMBRELENT Impr. S.A. E.T.I.O.P. PARIS

3.10

*Ce « feu américain » Ricard constitue a priori une pièce unique
qui n'a pas encore livré tous ses secrets… S'agit-il d'une commande
particulière ? D'un cadeau pour un tenancier américanophile ?*

*This Ricard-branded model of an American pedestrian crossing signal appears
to be a one-of-a-kind piece that has yet to reveal all its secrets—
was it a custom order? A gift for a pro-American bar owner?*

DÉCORATION DE BAR

BAR DECOR

En tournée dans les cafés et bistrots de Marseille et sa région
à la fin des années 1920, Paul Ricard envisageait déjà
la dégustation de son pastis comme un moment de convivialité.
Une tradition est née, qui ne s'est pas perdue, bien au contraire !
Le bruit des glaçons qui s'entrechoquent dans le verre ballon
ou le verre allongé sonnent comme une invitation à faire la fête.
Ce qu'illustrent les objets et accessoires destinés à décorer
et à animer les bars, à commencer par les plaques émaillées.
Apparu à la fin du XIXᵉ siècle, ce support publicitaire connaît
son apogée durant la première moitié du siècle suivant.
Il présente l'avantage de résister aux intempéries et de pouvoir
être accroché aussi bien à l'intérieur qu'à l'extérieur. Ricard
propose également à ses clients des guirlandes électriques
ou en papier dont les motifs varient du fanion de couleur
(bleu, jaune et rouge, bien sûr !) au verre ballon,
ainsi que des enseignes lumineuses. Ricard, « cinq volumes
d'eau » et « le sens de la fête » !

Touring the cafés and bistros of Marseille and its region
in the late 1920s, Paul Ricard already saw enjoying his pastis
as a moment of conviviality. A tradition was born—one
that has not been lost, far from it!
The clink of ice cubes in a balloon glass or tall glass sounds
like an invitation to celebrate. This spirit is reflected
in the objects and accessories designed to decorate and liven
up bars, starting with enamel signs. This advertising medium
emerged in the late 19th century and reached its peak
in the first half of the following century. Being weatherproof,
they could be hung both indoors and outdoors.
Ricard also offered customers electric or paper garlands
with designs ranging from colored pennants (blue, yellow and
red, of course!) to balloon glasses, as well as illuminated signs
bearing the signature instruction "five parts water", or extolling
the brand's *"sens de la fête"* (sense of celebration).

Plaques émaillées anciennes.

Vintage enamel plaques.

Fanions Ricard.
Ricard-branded pennants.

RICARD, «CINQ VOLUMES D'EAU» ET «LE SENS DE LA FÊTE»!

RICARD'S BAR DECORATIONS UNDERSCORE THE BRAND'S FESTIVE SPIRIT.

Enseigne lumineuse Ricard.
An illuminated Ricard sign.

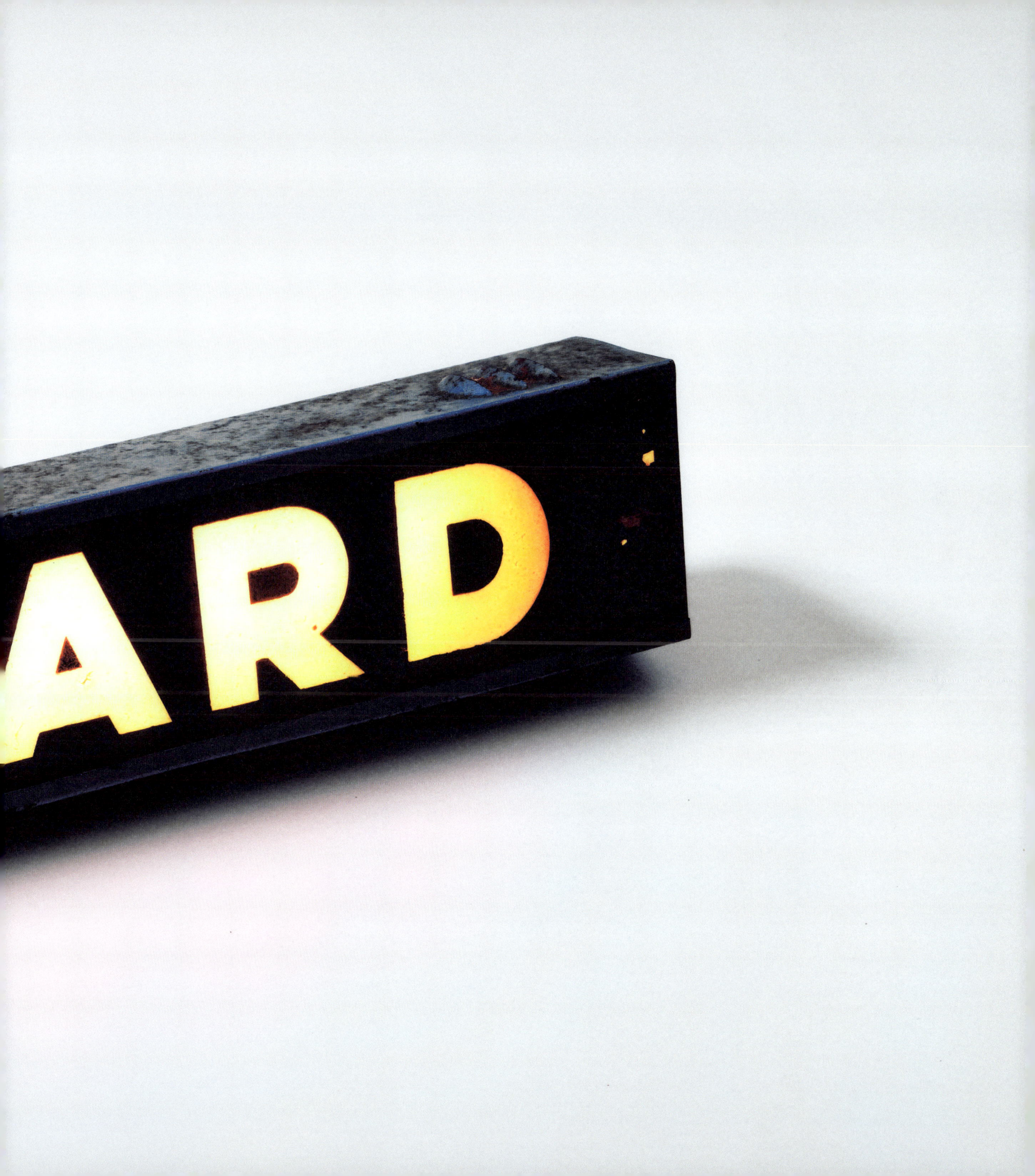
ARD

3.11

«*Bonnet de police*», pour reprendre l'expression employée dans une brochure promotionnelle Ricard (p. 79). Le calot en papier Ricard a été très largement distribué dans les années 1950 sur le Tour de France.
Described as a "police cap" in a promotional brochure (see page 79) this paper headwear was widely distributed during the Tour de France in the 1950s.

LE BOB ET AUTRES COUVRE-CHEFS

THE BUCKET HAT AND OTHER HEADWEAR

Objet mythique, le bob Ricard a été porté sur les fonts baptismaux en 1970, lors de l'inauguration du circuit du Castellet... Ce qui explique que les premiers exemplaires soient estampillés Circuit Paul Ricard, avant de devenir un des attributs du «vrai pastis de Marseille».
D'abord blanc, le bob prend rapidement des couleurs, bleu azur ou jaune soleil – réversible, il permet d'afficher tour à tour les deux couleurs, sur le mode «un Ricard peut en cacher un autre». Le modèle qui proclame «La fête sinon rien...!» – formule entraînante dérivée du slogan de la célèbre campagne publicitaire «Un Ricard sinon rien!» – résume à lui seul l'esprit du bob Ricard. Le célèbre couvre-chef va pourtant être victime de sa popularité. Au tournant des années 1980 et 1990, la marque décide d'opérer une montée en gamme tout en partant à la conquête d'un public à la fois plus jeune et féminin. Le bob est remisé au vestiaire.
Certains rappeurs ayant choisi le bob comme emblème ont réussi à dénicher un bob Ricard. Et le succès est à nouveau au rendez-vous. Ce n'est pas un hasard siJulien Schmidt, comique et animateur sur Rire & Chansons, s'est transformé en BA13, rappeur marseillais qui, dans sa chronique du 15 octobre 2024, chante :

> «*Mon bob Ricard est trempé, trempé, trempé, trempé*
> *Mon bob Ricard est trempé, trempé, trempé, trempé*
> *Mais qu'est-ce qui s'est passé oh oh*
> *Je voulais Paris en feu et j'ai Marseille sous l'eau...*»

Force est de constater que le bob a éclipsé les autres couvre-chefs Ricard dont l'histoire, plus ancienne, a commencé au début des années 1950. L'entreprise fait alors partie

A legendary item, the Ricard bucket hat (*bob*, in French) made its first appearance in 1970 at the inauguration of the Paul Ricard-funded motorsport racetrack in the southern French town of Castellet, which explains why the earliest versions were stamped *Circuit Paul Ricard*, before becoming one of the hallmarks of "the real pastis of Marseille."
Initially white, the bucket hat quickly took on color: sky blue or sun yellow. Reversible, it let wearers show off both hues in turn, in line with one of Ricard's advertising slogans, *"un Ricard peut en cacher un autre."*[3] The model emblazoned with *"La fête sinon rien...!"* (A party or nothing)— an upbeat twist on the famous advertising slogan *"Un Ricard sinon rien!"*—perfectly captured the Ricard bucket hat's spirit.
Yet the iconic hat fell victim to its own popularity. Around the turn of the 1980s and 1990s, the brand decided to move upmarket while targeting a younger, more female audience. The bucket hat was put away.
Yet some rappers who chose the bucket hat as their emblem managed to get their hands on a Ricard bucket hat. And once again, success followed. It's no coincidence that, in a skit broadcast in October 2024, comedian and TV presenter Julien Schmidt sang:

> *Mon bob Ricard est trempé, trempé, trempé, trempé*
> (My Ricard bob is soaking, soaking, soaking)
> *Mon bob Ricard est trempé, trempé, trempé, trempé*
> *Mais qu'est-ce qui s'est passé oh oh* (But what's happened, oh oh)
> *Je voulais Paris en feu et j'ai Marseille sous l'eau...*
> (I wanted Paris on fire but got Marseille underwater)

[3] This is a play on the warning sign found at every level crossing in France, "Un train peut en cacher un autre" (one train can hide another, meaning "watch out for second trains"). The phrase is so well-known, it is regularly adapted for jokes, puns and advertising copy.

Le bob Ricard, un objet iconique, à nouveau à la mode.
The iconic Ricard bucket hat, now back in fashion.

de la caravane du Tour de France et distribue des calots
en papier aux badauds qui attendent le passage des cyclistes
sous le soleil brûlant. Dans les années 1970, les calots
sont remplacés par des casquettes bleu-jaune-rouge, les trois
couleurs du logo Ricard à l'époque. Dans la roue de la mode
américaine suivent bientôt des casquettes de base-ball.
Entre les deux, aura été lancée une casquette écossaise rouge
et bleue, surmontée d'un pompon jaune. Une des créations
les plus inattendues de la marque.
Ricard a également distribué des chapeaux. Il n'est que de citer
le canotier, le trilby popularisé par les Blues Brothers – et plus
récemment par la chanson éponyme d'Amy Winehouse –,
le panama, le chapeau de cow-boy, etc.
À l'issue d'un tel inventaire, que faire sinon tirer son chapeau
à Ricard, LE pastis de Marseille !

It's clear the bucket hat has overshadowed Ricard's other
headwear, whose history stretches further back, to the early
1950s. At the time, the company was part of the Tour de France
caravan, handing out paper caps to spectators waiting
for the cyclists under the blazing sun. In the 1970s, those paper
caps were replaced by blue-yellow-and-red caps—the three
colors of Ricard's logo of the time. Following American fashion,
baseball caps soon joined the lineup. In between, there
was even a red and blue Scottish-style cap topped
with a yellow pompom—one of the brand's most unexpected
creations. Ricard also handed out other kinds of headwear:
boaters, trilbies (popularized by the Blues Brothers and, much
later, by an Amy Winehouse song), Panama hats, cowboy hats
and more. After such an inventory, what can you do but tip
your hat to "Ricard, THE pastis of Marseille!"

Combinaison Ricard pour les ouvriers de l'entreprise.
Ricard overalls made for the company's workers.

LES VÊTEMENTS CLOTHING

L'histoire des vêtements Ricard est placée sous le signe d'une indéniable fonctionnalité. En effet, elle commence par des combinaisons bleues et des blouses grises conçues pour les ouvriers et les ouvrières des usines de la marque. Suivent des chemises portées, elles aussi, par les salariés de l'entreprise et, surtout, celles distribuées dans le réseau des cafés, hôtels et restaurants. Bleu clair ou foncé, jaune, blanche, rayée bleu et blanc, grise, avec ou sans poche…, ces chemises arrivent en deuxième position sur le podium des articles de prêt-à-porter publicitaire du « vrai pastis de Marseille ». Les cravates sont, quant à elles, l'occasion de montrer que Ricard rime avec humour quand la définition de l'anis y est imprimée et avec élégance quand la fleur d'anis étoilé ou les initiales « PR », discret contrepoint à des bandes de couleur, en constituent le motif tissé.

La couronne de lauriers revient sans conteste aux T-shirts. Ricard a également investi la sphère, plus chic, du polo : blanc, bleu ciel, bleu azur, frappé du simple nom de la marque ou de la signature Paul Ricard, ce vêtement plutôt confidentiel est réservé au personnel de certains établissements.

La quatrième place revient au blouson. En matière synthétique ou en coton, court ou trois-quarts façon coupe-vent, il se fait plus épais pour résister au froid des sports d'hiver. Reconnaissables à leurs bonnets, avec ou sans pompon (jaune soleil ou bleu azur, bien sûr !), les « ricardophiles » sont prêts à dévaler les pistes.

The history of Ricard clothing has always been marked by undeniable practicality. It began with blue overalls and grey smocks designed for the workers in the brand's factories. Then came shirts worn by company employees, and especially those handed out through the network of cafés, hotels and restaurants. Light or dark blue, yellow, white, blue-and-white striped, grey, with or without pockets, these shirts take second place on the podium of advertising apparel for "the real pastis of Marseille."

Ties, for their part, offered a chance to show Ricard's sense of humor when they featured the definition of aniseed, and its sense of elegance when the design incorporated a woven motif of star anise flowers or the initials "PR" as a discreet counterpoint to colored stripes.

The top prize undoubtedly goes to the T-shirts. Ricard also moved into the more stylish realm of the polo shirt: white, sky blue or azure, bearing just the brand name or the Paul Ricard signature, this garment somewhat confidential is reserved for the staff of certain establishments. Another highlight is the jacket. In synthetic material or cotton, short or three-quarter-length like a windbreaker. The thicker versions are just right for winter sports—just add one of those unmistakable beanies (sunny yellow or azure, naturally!) that mark *Ricardophiles* as they hit the slopes.

3.13
▬

Parasol Ricard.
Ricard parasol.

LA PANOPLIE DU VACANCIER

THE HOLIDAY-MAKER'S KIT

De la fin des années 1940 au début des années 1970, la période que l'économiste Jean Fourastié a qualifiée de « Trente Glorieuses » – même s'il apparaît après coup qu'elle a plutôt duré vingt-cinq ans que trente ! – est indissociable de l'avènement de la société de consommation. Le choc pétrolier de 1973 et la crise qui s'ensuit ne stoppent pas pour autant l'essor des loisirs. Au contraire, le temps qui leur est consacré continue de croître.
Ricard distribue de nombreux objets et accessoires qui, d'une année à l'autre, finissent par dessiner la panoplie du vacancier irrésistiblement attiré par le soleil de Marseille et de la Méditerranée. Au sommet de la gamme du parfait plagiste – ou « calanquiste » pour filer la métaphore marseillaise – trône un article dont l'utilité et l'universalité permettent des variations quasi infinies : le sac. Qu'il soit petit, moyen ou grand, porté sur le dos, en bandoulière, à la ceinture – format banane – ou à la main, isotherme, de plage, de sport ou fourre-tout pour répondre à la mode du tote bag, le sac Ricard est immédiatement reconnaissable à son logo et à sa couleur – bleu azur ou jaune soleil.

Un sac vaut aussi par ce qu'il contient et, en l'espèce, Ricard s'emploie à le garnir tel un panier d'une serviette de plage, d'un paréo, d'un porte-clefs et d'un porte-monnaie – le sable est le redoutable ennemi des clefs et de pièces qu'il avale sans vergogne –, de lunettes de soleil, d'un appareil photo, compact, étanche ou jetable (selon les situations), d'un frisbee, d'un jeu de beach ball – avec ses raquettes jaunes bien sûr ! –, d'un serre-poignet et d'un bandeau serre-tête… S'il reste de la place, vous pouvez ajouter un jeu de pétanque, avec ses boules fabriquées par Obut, à Saint-Bonnet-le-Château

The period stretching from the late 1940s to the early 1970s—which the economist Jean Fourastié dubbed the *Trente Glorieuses* (even if, in retrospect, it seems it lasted more like twenty-five years than thirty)—is inseparable from the rise of the consumer society. The 1973 oil shock and ensuing crisis didn't stop the growth of leisure activities. On the contrary, the time devoted to them continued to increase.
Ricard distributed a wide range of items and accessories which, year after year, ended up forming the ideal kit for the holidaymaker irresistibly drawn to the sun of Marseille and the Mediterranean. For beachgoers—often called *calanquistes* in the Marseille area after its famous rocky inlets, or *calanques*—the most important accessory was an item whose utility and universal appeal allowed for nearly endless variations: the bag. Whether small, medium or large, worn on the back, across the body, on the waist (like a bum bag) or in the hand, insulated, for the beach, for sport or as an all-purpose tote bag, the Ricard bag was instantly recognizable thanks to its logo and its colors—azure or sun yellow.

A bag also owes its value to what it carries, and Ricard made sure to fill it like a basket with a beach towel, a sarong, a keyring and a coin purse (sand being the implacable enemy of keys and coins, which it swallows without mercy), sunglasses, a camera—compact, waterproof or disposable depending on the situation—a Frisbee, a beach ball set (with its trademark yellow paddles, of course!), a wristband and a headband… If there was still room, you could add a pétanque set, with boules made by Obut in Saint-Bonnet-le-Château in the Forez ("since 1955") or by La Boule Bleue in Marseille

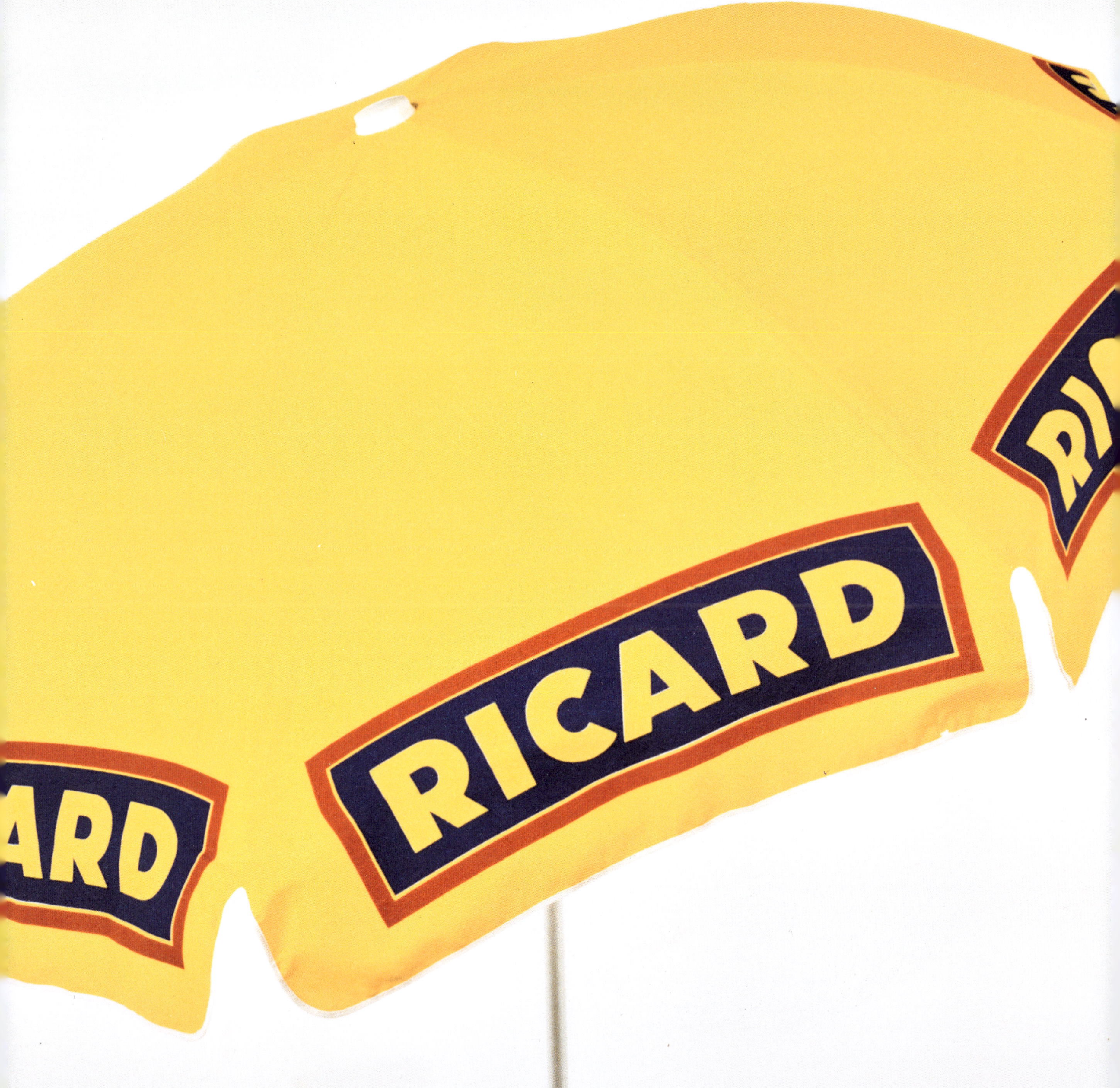
RICARD

Une paire de tongs, accessoire indispensable du plagiste.
A pair of flip-flops, an essential beach accessory.

dans le Forez « depuis 1955 », ou par La Boule bleue, à Marseille « depuis 1904 ». Le collectionneur chanceux aura déniché le fil servant à mesurer la distance entre une boule et le cochonnet – indispensable pour départager deux adversaires revendiquant la victoire – et une plaque affichant les résultats ! Alliant plein air, convivialité, simplicité et compétition amicale, la pétanque, devenue un rituel social, occupe une place centrale dans l'univers Ricard.

Un des avantages du sac est qu'il laisse au moins une main de libre pour… tenir, au choix, un porte-bouteilles, un parasol ou une chaise longue Ricard. En route pour le bord de mer ! Où donc ? La réponse était déjà donnée par Serge Gainsbourg en 1967 : « Sous le soleil exactement / Pas à côté, pas n'importe où / Sous le soleil, sous le soleil / Exactement /Juste en dessous » !

("since 1904"). The lucky collector might also have found the measuring string used to check the distance between a boule and the jack—essential for settling disputes over who's closest—and a scoreboard. Combining the outdoors, conviviality, simplicity and friendly competition, pétanque—now a true social ritual—holds a central place in the Ricard world. One of the bag's advantages is that it leaves at least one hand free to carry… your choice of Ricard bottle-holder, parasol or deckchair. Off to the seaside! Where exactly? Serge Gainsbourg already had the answer in 1967: *Sous le soleil exactement / Pas à côté, pas n'importe où /Sous le soleil, sous le soleil / Exactement /Juste en dessous!* (Right under the sun / Not next to it, not just anywhere / Under the sun, under the sun / Exactly / Right underneath).

LE COLLECTIONNEUR CHANCEUX AURA DÉNICHÉ LE FIL SERVANT À MESURER LA DISTANCE ENTRE UNE BOULE ET LE COCHONNET.

THE LUCKY COLLECTOR MIGHT ALSO HAVE FOUND THE MEASURING STRING USED TO CHECK THE DISTANCE BETWEEN A BOULE AND THE JACK.

188

3.14
—

Le disque des chansons inédites de Johnny Halliday pour Ricard.
« Qu'on me donne une guitare, une fille et un Ricard… »
Johnny Halliday's album of new songs for Ricard.
"Just give me a guitar, a girl and a Ricard…"

OBJETS INSOLITES

UNUSUAL MERCHANDISE

L'imagination ne manque pas aux équipes responsables de la conception de nouveaux objets. La volonté de s'inscrire dans les tendances de l'époque n'exclut pas des créations qui paraissent parfois quelque peu éloignées du cœur de métier de la marque. De ce fait, ces objets sont aujourd'hui souvent recherchés par les collectionneurs. Au-delà de leur dimension gastronomique et festive, les menus restent les témoins silencieux de certains événements qui ont scandé l'histoire de l'entreprise : Congrès national des agents Ricard organisé en 1957 pour le vingt-cinquième anniversaire de la marque, inauguration de Ricard Lille en 1959, etc.

Imagination has never been short supply among the teams responsible for designing new Ricard merchandise. The desire to stay in step with the trends of the time led to creations that sometimes seemed a little far removed from the brand's core business. As a result, these objects are now often sought after by collectors.
Beyond their gastronomic and festive aspect, menus remain silent witnesses to certain events that marked the company's history, such as the national Ricard agents' conference held in 1957 for the brand's twenty-fifth anniversary, the inauguration of Ricard Lille in 1959, among others.

Un disque de musique d'ambiance Ricard. A Ricard-branded record of background music.

JOHNNY HALLYDAY
chante
RICARD

"INÉDITS"

JOHNNY

RICARD

Boîtes de bonbons à l'anis.
Tins of aniseed-flavored sweets.

Le nuancier Ricard : à chaque couleur correspond un cocktail différent à base de sirop (Ricard au pamplemousse rose, à la violette, etc. en plus des classiques perroquet et mauresque !)

The Ricard color chart. Each shade matches a different syrup-based cocktail (Ricard with pink grapefruit, violet, etc., alongside classics like the Perroquet and Mauresque).

Mètre de Ricard en bois.

*In France, spirits are often served in metre-long holders —
like this Ricard-branded example.*

Stylobilles Ricard distribués dans les années 1980.
Ricard ballpoint pens distributed in the 1980s.

Pour rester du côté des vieux papiers, une feuille d'emballage cadeau n'a rien perdu de sa force graphique. Son motif n'est pas sans rappeler le pop art qui, puisant dans le quotidien et la culture populaire, s'est emparé des marques. Attribut du parfait gentleman voyageur, la flasque Ricard résonne avec un des slogans de la campagne publicitaire «Un Ricard, un vrai!» organisée en 2006 : «Un whisky à Saint-Flour? Non, un Ricard à Singapour!» De manière inattendue, le pastis de Marseille se retrouve dans un feu de la circulation américain. Quand «Walk» s'affiche, les piétons peuvent traverser... et Ricard s'illumine... en jaune bien sûr!

Sticking with paper goods, a sheet of Ricard gift wrap has lost none of its graphic punch. Its design is reminiscent of pop art, which, drawing on everyday life and popular culture, appropriated commercial brands. A classic gentleman traveler's accessory, the Ricard hip flask ties in with one of the slogans from the 2006 *"Un Ricard, un vrai!"* (A Ricard, a real one!) ad campaign: *"Un whisky à Saint-Flour? Non, un Ricard à Singapour"* (A whisky in Saint-Flour? No, A Ricard in Singapore!). Unexpectedly, the company produced a model of an American pedestrian crossing signal, in which the word "Ricard" lit up—in yellow, of course–alongside the more familiar green "WALK".

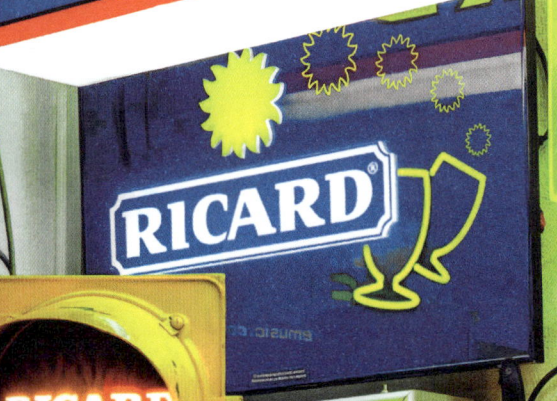

Sur un autre registre, les disques et les partitions de musique témoignent de l'ampleur de la stratégie de communication mise en œuvre par Paul Ricard. Les airs de Ricard, parmi lesquels la Samba Ricard et la Valse Ricard, sont indissociables de Darcelys (1900-1973), chanteur des cafés-concerts et du music-hall, incarnant la « bonne humeur marseillaise » et la faconde méridionale. En tournée pour Ricard sur le Tour de France à partir de 1948, il rencontre un grand succès avec « Un pastis bien frais ». Le début des années 1970 est marqué par un disque d'inédits de Johnny Hallyday, également diffusés sur les ondes radiophoniques (Europe 1, RTL, RMC, Sud-Radio...). « L'idole des jeunes » chante :

> *« Les gens courent, les gens se battent car le monde est fou*
> *Ils s'agitent, ils se débattent, oui, pour quelques sous*
> *Je veux pas rentrer dans la ronde car il m'en faut peu*
> *Si peu de choses en ce monde, oui, pour être heureux*
> *Qu'on me donne une guitare, une fille et un Ricard*
> *Et puis plus rien, et puis plus rien*
> *Qu'on me donne une guitare, une fille et un Ricard*
> *Et tout ira, et tout ira. »*

In another vein, records and sheet music bear witness to the breadth of Paul Ricard's communications strategy. The *Airs de Ricard*, which include *Samba Ricard* and *Valse Ricard*, are inseparable from café-concert and music hall singer Darcelys (1900–1973), who embodied Marseille's sense of humor and southern France's flair for words. Touring for Ricard during the Tour de France starting in 1948, Darcelys had a big hit with *Un pastis bien frais* (An ice-cold pastis). The early 1970s saw Johnny Hallyday release an album of new tracks, which also aired on numerous radio stations. In one of them, *L'idole des jeunes* (Teen Idol), the legendary rocker sang:

> *Les gens courent, les gens se battent car le monde est fou*
> (People run, people fight, because the world's gone mad)
> *Ils s'agitent, ils se débattent, oui, pour quelques sous*
> (They fuss and fight over just a few coins)
> *Je veux pas rentrer dans la ronde car il m'en faut peu*
> (I don't want to get involved because I don't need much)
> *Si peu de choses en ce monde, oui, pour être heureux*
> (You don't need much in this world to be happy)
> *Qu'on me donne une guitare, une fille et un Ricard*
> (Just give me a guitar, a girl and a Ricard)
> *Et puis plus rien, et puis plus rien*
> (And nothing more, nothing more)
> *Qu'on me donne une guitare, une fille et un Ricard*
> (Just give me a guitar, a girl and a Ricard)
> *Et tout ira, et tout ira.*
> (And it'll be ok, and it'll be ok).

*Tournage d'un des premiers films institutionnels Ricard, avec Darcelys,
debout devant un panneau affichant le célèbre slogan «Garçon! Un Ricard
bien frais».*
*The shoot for one of Ricard's first corporate films, featuring Darcelys in front
of a sign displaying the famous instruction that waiters should serve the pastis
very cold.*

4
—

LES GRANDES CAMPAGNES PUBLICITAIRES
THE MAJOR ADVERTISING CAMPAIGNS

INTRODUCTION

L'ART DU SLOGAN

THE ART OF THE SLOGAN

À l'instar de la devise qui accompagne les armoiries d'un empereur, d'un roi ou d'un grand seigneur, Ricard est depuis les origines connu pour ses slogans. Paul Ricard imaginera notamment ceux de la campagne publicitaire qu'il lance en 1939. Cette année-là, il a décidé de partir à la conquête de Paris. L'aventure est interrompue par la Seconde Guerre mondiale. En 1948, Paul Ricard organise une nouvelle campagne d'envergure, cette fois-ci en accompagnant le Tour de France qui s'impose dans les années 1960 comme le divertissement le plus suivi par la population française. La crise de Suez, en 1956, est l'occasion d'un coup d'éclat (et de communication) qui marque les esprits. La démission de Paul Ricard, douze ans plus tard, ne signifie pas pour autant le retour à des temps plus tranquilles et sans histoire. Au contraire, les années 1980 inaugurent un tournant. Convaincu de la nécessité de rajeunir son image et d'opérer

Just like the mottos on the coats of arms of emperors, kings and noblemen, Ricard has been known for its slogans since its beginnings. Paul Ricard himself came up with several of them for the advertising campaign he launched in 1939. That year, he decided to conquer Paris, a quest that was interrupted by the Second World War. In 1948, Paul Ricard organized a new large-scale campaign, this time accompanying the Tour de France, which in the 1960s would become the most-watched entertainment event in France. The Suez Crisis in 1956 provided an opportunity for a striking (and highly effective) publicity coup that left a lasting impression. Paul Ricard's resignation twelve years later did not, however, mark a return to calmer, uneventful times. On the contrary, the 1980s ushered in a turning point. Convinced of the need to revamp its image and move upmarket, Ricard turned to Young & Rubicam, which created the 1984 campaign

À L'INSTAR DE LA DEVISE QUI ACCOMPAGNE LES ARMOIRIES D'UN EMPEREUR, D'UN ROI OU D'UN GRAND SEIGNEUR, RICARD EST DEPUIS LES ORIGINES CONNU POUR SES SLOGANS.

JUST LIKE THE MOTTOS ON THE COATS OF ARMS OF EMPERORS, KINGS AND NOBLEMEN, RICARD HAS BEEN KNOWN FOR ITS SLOGANS SINCE ITS BEGINNINGS.

une montée en gamme, Ricard sollicite Young & Rubicam
qui conçoit la campagne «Un Ricard sinon rien» (1984).
À l'instar de Pauline de Metternich, épouse de l'ambassadeur
d'Autriche à Paris sous le Second Empire et qui se plaisait à dire
«Je ne suis pas jolie, je suis pire», ce slogan s'est révélé
pire qu'un succès ! La collaboration avec Young & Rubicam
se poursuit jusqu'au début des années 2010 où l'agence BETC
prend le relais. La campagne anniversaire de 2012 affiche le mot
d'ordre «80 ans et toujours jaune» qui, là encore, fait date.
La décennie suivante s'ouvre avec «Born à Marseille» (2020)
slogan qui prend appui sur la nouvelle identité graphique conçue
par l'agence Yorgo&Co en 2017 et modifiée six ans
plus tard. Forte de son succès, la campagne «Born à Marseille» a
été reformatée en 2024.
Que déduire de cet inventaire? Des années 1930 à aujourd'hui,
des constantes se détachent des grandes manœuvres
publicitaires de Ricard. D'abord, une perception toujours juste de
la position occupée et, donc, du ton à adopter : de la nécessité
de présenter un nouveau produit à la recherche du pas de côté
décalé que s'autorisent les entreprises dominant leur marché.

"Un Ricard sinon rien" (A Ricard or nothing). The collaboration
with Young & Rubicam continued until the early 2010s,
when the BETC agency took over.
The 2012 anniversary campaign featured the slogan *"80 ans
et toujours jaune"* (80 years and still yellow), which also made
its mark. The following decade opened with *"Born à Marseille"*
(2020), a slogan that built on the new graphic identity developed
by the Yorgo&Co agency in 2017 and updated six years later.
Riding on its success, the *"Born à Marseille"* campaign
was reformatted in 2024.
What can be concluded from this overview? From the 1930s
to the present day, some consistent themes stand out in Ricard's
major advertising drives. First and foremost: an always spot-on
sense of its market position—and therefore of the tone
to adopt—from the need to introduce a new product
to the search for that offbeat twist that market-leading
companies allow themselves.

DE LA NÉCESSITÉ DE PRÉSENTER UN NOUVEAU PRODUIT À LA RECHERCHE DU PAS DE CÔTÉ DÉCALÉ ET PROVOCANT QUE S'AUTORISENT LES ENTREPRISES DOMINANT LEUR MARCHÉ.

FROM THE NEED TO INTRODUCE A NEW PRODUCT TO THE SEARCH FOR THAT OFFBEAT, PROVOCATIVE TWIST THAT MARKETLEADING COMPANIES ALLOW THEMSELVES.

4.1

*Pour sa première campagne publicitaire d'envergure nationale lancée en 1939,
Paul Ricard a inventé le slogan «Garçon! Un Ricard». Reconnaissable
à sa cravate à rayures, Darcelys défend déjà les couleurs du «vrai pastis
de Marseille».*
*For his first major nationwide advertising campaign in 1939, Paul Ricard came
up with the slogan "Garçon ! Un Ricard". Recognizable by his striped tie,
Darcelys was already championing the "real pastis from Marseille".*

GARÇON!
UN RICARD!
(1939)

GARÇON!
UN RICARD!
(WAITER!
A RICARD!) (1939)

250 000 litres vendus en 1932 contre plus de 2,4 millions
en 1938. Ces chiffres éloquents traduisent l'immense succès
du Ricard. Après avoir investi Lyon et sa région en 1938, «le vrai
pastis de Marseille "monte" à Paris». Pour l'occasion, Paul Ricard
organise sa première campagne publicitaire à l'échelle nationale.
Et pour cause, comme il le rappelle dans ses mémoires :
«Il n'était pas envisageable d'y faire, comme en Provence,
du porte-à-porte, de visiter les bars, cafés et brasseries un à un,
en offrant la tournée. Les moyens de masse se révélaient
indispensables, d'autant plus que pour gagner notre bataille
de Paris, nous avions à compter avec Pernod. Le combat
de David contre Goliath [...].»
Les représentants distribuent des dépliants promotionnels
intitulés «Pour le patron/Strictement confidentiel» présentant
dans le détail l'«effort de publicité sans précédent» auquel
a consenti la marque, à grand renfort de «formats d'annonces
impressionnants», d'«arguments "massue"» présents
«sur les murs des villes et des villages, sur les routes de France
et... même dans les airs», «car à Marseille et sur les côtes
de Provence, on peut voir évoluer l'avion Ricard qui, bientôt,
ne bornera pas ses vols à cette seule région et ira porter le salut
du Ricard aux cafetiers les plus éloignés de la grande cité
phocéenne». Paul Ricard est à l'origine de la rubrique «Pourquoi
vous vendrez du Ricard». Réponses : «parce qu'il plaît
à vos clients» et «parce qu'il vous fera gagner de l'argent».
Si le Ricard peut être servi «à la parisienne», soit servi avec 3,4
voire 5 volumes de pastis et donc, peu allongé d'eau,
il est préférable de le consommer à la marseillaise, c'est-à-dire

Ricard sold 250,000 liters (66,000 US gallons) of pastis in 1932,
compared with more than 2.4 million liters (634,000 gallons)
just six years later—striking statistics that illustrate the
company's galloping success. After moving into Lyon and
its region in 1938, "the real pastis of Marseille" "moved up"
to Paris. For the occasion, Paul Ricard launched his first
nationwide advertising campaign. And for good reason,
as he recalled in his memoirs:
"It was unthinkable to do in Paris what we did in Provence:
going door to door, visiting bars, cafés and brasseries
one by one, buying a round. Mass marketing was essential,
not least because to win our battle for Paris, we had to contend
with Pernod[4]. It was David versus Goliath [...]"
Sales reps distributed promotional leaflets marked "For
the owner/Strictly confidential" detailing the "unprecedented
advertising effort" the brand had undertaken, with "impressive
ad formats," "hard-hitting arguments [displayed] on city and
village walls, on France's roads and... even in the air [...] because
in Marseille and along the Provençal coast you could see
the Ricard plane flying about. It wouldn't limit its flights
to this one region for long and would soon carry the Ricard
message to café owners far from the great city of Marseille."
Paul Ricard himself came up with a section of the leaflets
headed "Why you'll sell Ricard"—along with the reasons:
"because your customers like it" and "because it will make you
money." While Ricard could be served "Paris-style," served
with 3, 4, or even 5 parts of pastis, and therefore with very little
water, it was better consumed Marseille-style,

[4] Founded in 1805, Pernod was Ricard's main rival, producing aniseed spirits with a wide distribution network and strong brand loyalty. The two companies
merged in 1975 to form Pernod Ricard, now one of the world's largest spirits companies.

Garçon !
UN
RICARD
"le vrai pastis de Marseille"
DISTILLERIES RICARD
STE MARTHE
MARSEILLE
32, AV. OPÉRA
PARIS

Garçon !
UN RICARD
C'est le soleil
de Marseille

Garçon !
UN
RICARD
"A la Marseillaise"
Y ALEXANDRE - PARIS
DISTILLER
STE MARTHE
MARSEILLE

ES RICARD

32, AV. OPÉRA
PARIS

Darcelys déguste un Ricard avec M. Brun. Extraite d'un des premiers films Ricard, cette image sera également exploitée sous forme d'affiches.
Darcelys enjoying a Ricard with M. Brun. This still from one of Ricard's first films was also used on posters.

en ajoutant 5 volumes d'eau à une dose de 2 cl au lieu de l'inverse, ce qui donne au pastis «toute sa saveur et son onctuosité» et permet de tirer un plus grand nombre de verres d'une bouteille et
donc d'augmenter son bénéfice. «Avec le Ricard, pas de crise», ce qui, dans la France de la fin des années 1930, ne laissait indifférents ni les cafetiers ni les clients. À Paris, Paul Ricard commence par rencontrer les tenanciers marseillais dont il s'était procuré la liste en martelant le slogan : «Buvez le pastis à la marseillaise, à petites doses avec cinq volumes d'eau!»
Signe de l'objectif atteint, la stratégie et les efforts déployés par Ricard eurent pour résultat d'inquiéter Pernod qui, à son tour, finança une grande campagne publicitaire. Les deux concurrents s'affrontèrent tels des titans. « Le combat revêtit un tel acharnement, souligne Paul Ricard, que les deux organisateurs (Bernard de Plas travaillait pour Pernod et Alexandre pour moi) finirent par se fâcher, bien qu'associés dans la même agence et en dépit de l'estime mutuelle qu'ils se portaient. »
Surtout, il n'en reste pas là et raconte sa collaboration avec le publicitaire : «On commençait par aligner sur du papier tous les arguments possibles, qui tenaient vite une page entière. Puis on condensait l'ensemble, pour ne retenir en définitive qu'une seule phrase, la plus convaincante et la plus explicite. En avons-nous rempli, des feuilles de papier! En avons-nous distillé des textes, pour en tirer la quintessence : dix petites lignes qui disaient juste ce qu'il fallait dire, ce qui frappait les esprits, ce qui devait amener les gens à crier : "Garçon, un Ricard !"» Leçon d'un communicant hors pair!
Paul Ricard se fait l'écho d'une campagne déjà multisupport. «La presse nationale ne tarda pas à être emplie de quarts de page, de demi-pages ou de pleines pages de conseils pour boire le Ricard à la marseillaise et d'évocations de cette merveilleuse Provence où jaillissait l'inégalable boisson dont chaque verre était une gorgée de vacances. Simultanément, sur tous les murs de la capitale apparaissaient des affiches de 3,2 m sur 2,40 m, avec un Darcelys au sourire éclatant disant aux Parisiens : "Alors, tu y prends goût, à notre pastis?"»

with 5 parts water to 2 cl of pastis instead of the other way around—bringing out "all its flavor and smoothness" while also yielding more glasses per bottle and thus boosting profit. Another component of the sales pitch, "With Ricard, there's no crisis," resonated with both café owners and customers in a late-1930s France marked by high unemployment, budget austerity and persistent economic anxiety in the wake of the Great Depression.
In Paris, Paul Ricard started by meeting Marseille-born bar owners whose contact details he had obtained, hammering home the message to "drink pastis the Marseille way: small measures with five parts water!"
As proof of the strategy's success, Ricard's efforts alarmed Pernod, which in turn funded a major advertising campaign. The two rivals clashed like titans. "The fight became so intense," Paul Ricard noted, "that the two organizers (Bernard de Plas, who worked for Pernod, and Alexandre [Ricard], who worked for me) ended up falling out, despite being partners in the same agency and having genuine mutual respect."
Paul Ricard went on to describe his collaboration with his adman grandson: "We'd start by writing down every possible argument on paper, quickly filling a whole page. Then we'd boil it all down to keep only a single sentence— the most persuasive and direct one. We used up so many sheets of paper! We distilled so many drafts to get the essence: ten short lines that said just what needed saying, that stuck in people's minds, that would make them cry out: 'Waiter, a Ricard!' It was a masterclass in communication!"

Paul Ricard also wrote of a truly multi-channel campaign: "The national press was soon filled with quarter-page, half-page and full-page ads advising people to drink Ricard the Marseille way and conjuring up the marvelous Provence from which this unmatched drink flowed, each glass a taste of holiday. At the same time, posters measuring 3.2 by 2.4 meters (3.5 by 2.6 yards) appeared all over the capital, featuring a beaming Darcelys telling Parisians: *'Alors, tu y prends goût, à notre pastis?'* (So, you're getting a taste for our pastis?)"

Affiches Ricard distribuées lors du tour de France: en 1948, affiche présentant le tour de chant de Darcelys – les titres des chansons qu'il interprète sont indiqués entre les rayons du soleil; affiches avec les étapes des éditions 1951 et 1952.
Ricard posters distributed during the Tour de France, one showing Darcelys' setlist (from 1948), with song titles radiating from the sun, and others listing the stages of the 1951 and 1952 editions of the competition.

LE TOUR DE FRANCE (1948)

THE TOUR DE FRANCE (1948)

Pionnier en stratégie de communication, Paul Ricard met en œuvre ce qui s'appellerait aujourd'hui un plan de communication hors médias, c'est-à-dire utilisant d'autres vecteurs que la presse, l'affichage urbain et la radio. L'entreprise choisit d'accroître sa visibilité en s'associant à une grande manifestation sportive. Interrompu durant la Seconde Guerre mondiale, le Tour de France reprend en 1947. L'année suivante, Ricard participe à l'événement accrochant la «Caravelle Ricard» à la caravane du Tour. Il s'agit d'un camion transformé en un trois-mâts du XVIIe siècle qui bénéficie rapidement d'une grande notoriété. À chaque étape, la caravelle distribue de nombreux objets publicitaires, à commencer par des chapeaux pour se protéger du soleil. Le soir venu, elle cède la place à un podium où se produit Darcelys, chanteur de music-hall marseillais qui rencontre un grand succès avec, entre autres titres, «Un pastis bien frais». Par la suite, Ricard s'offre le concours de Tino Rossi, alors au faîte de sa gloire, et d'une débutante, Annie Cordy.

Là encore l'objectif que s'est fixé Paul Ricard est largement atteint. Au début des années 1960, porté par la rivalité entre Jacques Anquetil et Raymond Poulidor, le Tour de France est au summum de sa popularité. Les Françaises et les Français qui se massent sur les routes pour acclamer les coureurs représentent 40 % de la population française – soit 19 millions d'habitants – qui voient aussi passer les voitures Ricard et la caravelle pointant vers le ciel des bouteilles géantes en guise de canon…

A pioneer in publicity strategy, Paul Ricard put into practice what would today be called a below-the-line communication plan—that is, one using channels other than the press, urban billboards, and radio spots. The company chose to boost its visibility by partnering with a major sporting event. Interrupted during the Second World War, the Tour de France resumed in 1947. The following year, Ricard took part in the event by adding the "Ricard caravel" to the Tour's caravan. This was a truck transformed into a seventeenth-century three-masted ship, which quickly gained widespread fame. At each stage, the caravel handed out a wide range of promotional items, starting with hats to protect spectators from the sun. In the evenings, it turned into a stage where Darcelys—a Marseille music-hall singer who had a big hit with, among other songs, *Un pastis bien frais*—would perform. Later on, Ricard enlisted the help of Tino Rossi, who was then at the height of his fame, and that of a newcomer, Annie Cordy.

Here again, Paul Ricard's objective was amply achieved. In the early 1960s, fueled by the rivalry between cyclists Jacques Anquetil and Raymond Poulidor, the Tour de France was at the peak of its popularity. The French men and women crowding the roads to cheer on the riders accounted for 40 percent of the French population—some 19 million people—who also saw the Ricard vehicles and the caravel with its giant bottles pointing skyward like cannons…

TOUR DE FRANCE 1952

DU 25 JUIN AU 19 JUILLET 1952

ROUBAIX — 234 Km — 180 Km — NAMUR
226 Km
ROUEN — METZ
60 Km
193 Km — NANCY
257 Km
BREST — RENNES — LE MANS — PARIS
245 Km — 185 Km
345 Km — 224 Km
MULHOUSE
246 Km — 65 Km — VICHY — LAUSANNE
220 Km — CLERM. FERR. — 270 Km
LIMOGES
ALPE D'HUEZ — 183 Km — SESTRIERES
254 Km
BORDEAUX — AVIGNON — MONACO
178 Km — AIX — 216 Km
196 Km — TOULOUSE — 251 Km
209 Km — PAU — 197 Km
148 Km — BAGNERES DE BIGORRE — PERPIGNAN

UN RICARD EN VENTE ICI

UN RICARD EN VENTE ICI

CLASSEMENT

DE L'ETAPE

		GENERAL	
RENNES	AIX	RENNES	AIX
LE MANS	AVIGNON	LE MANS	AVIGNON
ROUEN	PERPIGNAN	ROUEN	PERPIGNAN
ROUBAIX	TOULOUSE	ROUBAIX	TOULOUSE
NAMUR	BAGNERES DE BIGORRE	NAMUR	BAGNERES DE BIGORRE
METZ	PAU	METZ	PAU
NANCY	BORDEAUX	NANCY	BORDEAUX
MULHOUSE	LIMOGES	MULHOUSE	LIMOGES
LAUSANNE	CLERM. FERR.	LAUSANNE	CLERM. FERR.
ALPE D'HUEZ	VICHY	ALPE D'HUEZ	VICHY
SESTRIERES	PARIS	SESTRIERES	PARIS
MONACO		MONACO	

EDITÉE PAR L'IMPRIMERIE SPÉCIALE DES DISTILLERIES RICARD

TOUR DE FRANCE 1948

UNE PARTIE DE PETA...
UN PASTIS BIEN FRAIS
PAPA·MAMA JAMBA
ÇA SENT LE MIDI
LES CASQUETTES BLANC...
EL BAL DEFENDU
LA VALSE DE MAGALI
UN PASTIS BIEN FRAIS
LES CASQUETTES BLANCHES

d'après photo FERNANDEZ

DARCELYS

OFFERT PAR LES DISTILLERIES

RICARD

MARSEILLE · FRANCE

RICARD VOUS PRESENTE LE TOUR DE FRANCE 1951

organisé par

L'EQUIPE — Le Parisien

GAND
LE TREPORT
CAEN — REIMS — METZ (DEPART)
RENNES — PARIS
ANGERS — DIJON
GENEVE
LIMOGES — CLERMONT FERRAND — AIX LES BAINS
BRIVE — BRIANÇON
AGEN — AVIGNON — GAP
DAX — MONTPELLIER — ARLES
TARBES — MARSEILLE
CARCASSONNE
LUCHON

ALTITUDES

LEGENDE
VILLE-ETAPE
VILLE-REPOS
SOMMET de COL
ETAPE CONTRE la MONTRE

RICARD

IMPRIMÉ EN FRANCE

Le tour de France 1957 est resté dans les mémoires pour sa ville de départ, Nantes, et certaines de ses étapes qui s'aventuraient au-delà de la frontière nationale. Les voitures Ricard se souviennent de la 16 e étape qui, de Barcelone à Ax-les-Thermes, dans les Pyrénées, suivait une route escarpée...

The 1957 Tour de France is remembered for its starting city, Nantes, and for several stages that ventured beyond France's borders. Stage 16 was one to remember for the Ricard vehicles, which tackled the steep, winding road through the Pyrenees from Barcelona to Ax-les-Thermes.

Ricard participe aussi à des courses cyclistes inter-régionales. Les voitures qui encadrent cette course disputée en hiver, des Renault Colorale (mot-valise associant Coloniale et Rurale), fabriquées entre 1950 et 1956, portent haut les couleurs de Ricard. Tout comme la banderole qui marque l'arrivée de l'épreuve. Le vainqueur, un coureur de l'équipe Rochet, est monté à bord de la voiture-radio.

Ricard also took part in interregional cycle races. The cars accompanying this winter event, Renault Colorales (produced between 1950 and 1956), proudly display Ricard branding, as does the finish line banner. The winner, from team Rochet, rode off in the radio car.

La Caravane de la soif devant le restaurant Au Mal Assis à Cannes.
The "Crusade against thirst" in front of the Au Mal Assis restaurant in Cannes.

LA CROISIÈRE CONTRE LA SOIF (1956)

THE CRUSADE AGAINST THIRST (1956)

En 1952, Paul Ricard avait imaginé le slogan «Le vainqueur de la soif»... qui fut, lui aussi, plébiscité par le public. Il est vrai qu'une dose de Ricard coupé de cinq volumes d'eau fraîche constitue une boisson désaltérante. Il eut également l'idée de faire appel à des méharistes et à leurs dromadaires pour monter, en guise d'expédition contre la chaleur de l'été, «la caravane Ricard». Quatre ans plus tard, le colonel Nasser, à la tête de l'Égypte, nationalise le canal de Suez, entraînant une crise internationale avec, entre autres conséquences, des pénuries de carburant. Paul Ricard raconte l'épisode, non sans un certain humour :

«La France mesura à quel point sa vie de tous les jours dépendait du pétrole : il n'y eut plus d'essence aux pompes et, par voie de conséquence, plus de Ricard aux comptoirs des cafés. C'est du moins ce qui aurait pu se passer si nous n'avions pas déployé une activité exceptionnelle pour acheminer notre produit. En revanche, il n'était plus

In 1952, Paul Ricard came up with the slogan *"Le vainqueur de la soif"* (The thirst slayer), which also proved a hit with the public. And it was undeniable that a measure of Ricard mixed with five parts cold water made for a refreshing drink. He also had the idea of using *méharistes* (camel-riding desert troops) and their beasts to stage, as an expedition mounted to battle the summer heat, the "Ricard caravan."
Four years later, Colonel Nasser, the president of Egypt, nationalized the Suez Canal, sparking an international crisis that led, among other consequences, to fuel shortages. Paul Ricard recounted the episode with characteristic humor: "France realized just how much its daily life depended on oil: there was no more petrol at the pumps and, as a result, no more Ricard at café counters. Or at least, that's what could have happened if we hadn't made an extraordinary effort to keep our deliveries going. For a period, it was out of the question to run promotional tours using trucks or convoys of cars.

IL EST VRAI QU'UNE DOSE DE RICARD COUPÉ DE CINQ VOLUMES D'EAU FRAÎCHE CONSTITUE UNE BOISSON DÉSALTÉRANTE.

IT WAS UNDENIABLE THAT A MEASURE OF RICARD MIXED WITH FIVE PARTS COLD WATER MADE FOR A REFRESHING DRINK.

Communiquant génial, Paul Ricard a saisi l'opportunité de la crise de Suez (1956) pour mettre sur le devant de la scène nationale sa caravane de dromadaires. Moins de trente ans après André Citroën, il lançait une croisière d'un nouveau type !

A brilliant PR man, Paul Ricard seized the opportunity of the 1956 Suez Crisis to bring his camel caravan into the national spotlight. Less than thirty years after André Citroën's legendary branded expeditions, he launched a new kind of promotional journey.

Déjà populaire, «la caravane Ricard» devient la «croisière contre la soif» lorsqu'éclate la crise de Suez à l'automne 1956. L'événement rencontre un immense succès, notamment à Marseille, ville ouverte sur la Méditerranée.
The already popular Ricard caravan became the "crusade against thirst" during the Suez Crisis in the autumn of 1956. The event was a huge hit, especially in Marseille, a city that lies on the Mediterranean.

Double page suivante : Affiches anciennes Ricard.
Next double-page spread: Vintage Ricard posters.

question, pour un temps, d'organiser des tournées avec des chars ou caravanes de voitures pour assurer notre propagande. Je pensais alors que si la voiture n'existait pas, il faudrait bien s'arranger autrement.

Dès la plus Haute Antiquité, le monde méditerranéen exportait ses poteries sigillées, son vin, son huile, jusqu'au septentrion. À une date encore récente, des courants commerciaux importants traversaient l'Afrique et sa partie la plus désolée, le Sahara, sans le secours des camions. Les idées s'associèrent très vite dans ma tête : Sahara, soif, vaisseau du désert, chameau… Et voilà : j'avais trouvé. Nous allions livrer notre pastis à dos de chameau, ce serait la "croisière contre la soif". L'opération fut mise au point sans perdre un moment et les cafetiers des Champs-Élysées, de la Canebière, des allées de Tourny, de Bellecour, virent bientôt s'arrêter devant leurs terrasses, stupéfaits et ravis, des files de dromadaires conduits par des "hommes bleus" qui faisaient agenouiller leur monture pour décharger des caisses de bouteilles. […] Les journaux, les magazines, les radios et les télévisions répercutèrent l'événement, nous eûmes un succès fantastique. Les villes attendaient ce spectacle insolite ; on parlait de nous avant, pendant et après ! »

I thought to myself that if cars didn't exist, we'd just have to manage another way. Since ancient times, the Mediterranean world had been exporting its fine pottery, wine and oil as far north as the ends of Europe. Even quite recently, major trade routes crossed Africa and its most desolate region, the Sahara, without the help of trucks. The ideas quickly connected in my mind: Sahara, thirst, ships of the desert, camels… And there it was—I had it! We would deliver our pastis on the backs of camels, it would be our 'cruise against thirst.' The operation was organized without crusade a moment, and soon the astonished and delighted café owners on the Champs-Élysées [in Paris], the Canebière [in Marseille], the Allées de Tourny [in Bordeaux], and Bellecour [in Lyon] saw lines of dromedaries led by 'blue men' kneeling their mounts to unload crates of bottles.

"Newspapers, magazines, radio and television stations all covered the event—we had fantastic success. Towns were waiting for this extraordinary spectacle; people talked about us before, during and after!"

ET VOILÀ : J'AVAIS TROUVÉ. NOUS ALLIONS LIVRER NOTRE PASTIS À DOS DE CHAMEAU, CE SERAIT LA "CROISIÈRE CONTRE LA SOIF".

AND THERE IT WAS – I HAD IT! WE WOULD DELIVER OUR PASTIS ON THE BACKS OF CAMELS, IT WOULD BE OUR 'CRUSADE AGAINST THIRST.'

BiENTOT
dans votre ville...
RICARD
la Caravane
RICARD
le vainqueur de la soif

*Organisée durant l'été au début des années 1950, « la caravane Ricard »
et ses dromadaires portent haut le slogan imaginé par Paul Ricard,
« Le vainqueur de la soif ». Le succès a été immédiat.*

*Organized during summers of the early 1950s, the Ricard caravan and
its camels bore high the slogan coined by Paul Ricard: "The thirst slayer".
It was an instant hit.*

Conçue en 1984 par l'agence Young & Rubicam, la campagne «Un Ricard, sinon rien» a conquis l'opinion. Dans toutes les têtes, sur toutes les lèvres (ou presque), le slogan est repris à l'envi en une multitude de variations. Avec ses visuels aux figures jeunes, chics et désinvoltes, la campagne est déclinée jusqu'en 1990.
Created in 1984 by Young & Rubicam, the "Un Ricard, sinon rien" (A Ricard or nothing) campaign won over public opinion. It was everywhere—in people's minds and on their lips—repeated endlessly in a host of variations. With visuals showing young, chic, carefree figures, the campaign ran through to 1990.

4.4

UN RICARD SINON RIEN (1984)

A RICARD OR NOTHING (1984)

Entamée en 1983, la collaboration entre Ricard et l'agence Young & Rubicam va se poursuivre jusqu'en 2010. Lancée en 1984, la campagne «Un Ricard sinon rien» est aujourd'hui encore considérée comme l'une des plus célèbres (et des meilleures) de l'histoire de la publicité. Elle est reconduite plusieurs années de suite, jusqu'à l'application de la loi Évin à partir de 1991. Quant au slogan, il reste encore gravé dans les mémoires !

Ricard souhaitait revaloriser son image de marque, sans pour autant se couper de son socle historique tout en s'ouvrant à un public jeune et féminin. La stratégie de retenue a parfaitement fonctionné. Et pour cause, les visuels publicitaires conçus par Young & Rubicam véhiculent une image plus chic, plus jeune, plus féminine, avec un zeste d'impertinence. En un mot, branchée ; inattendu de la part du «vrai pastis de Marseille», né en 1932 ! «C'était déjà de la publicité comparative avec ces personnages jetant les alcools et cocktails concurrents», analyse rétrospectivement Michaël Merolli.

En 1998, l'agence lance «Respectons l'eau», campagne visant les «jeunes adultes». Par la suite, d'autres slogans imaginés par Young & Rubicam ont marqué les esprits : «Brisons la glace» (2001), «Un Ricard, un vrai!» (2006), «Ricard Un apéritif un vrai» (2008)...

The collaboration between Ricard and Young & Rubicam began in 1983 and continued until 2010. Launched in 1984, the campaign *"Un Ricard sinon rien"* (A Ricard or nothing) is still considered one of the most famous (and best) in advertising history. It ran for several consecutive years, until the introduction of the Évin Law in 1991. As for the slogan, it's still remembered today.

Ricard wanted to enhance its brand image without abandoning its historic base, while also appealing to a younger and more female audience. The carefully restrained strategy worked perfectly, because the visuals designed by Young & Rubicam projected a more stylish, youthful, feminine image, with a hint of cheekiness. In short, it was trendy—something unexpected from the "real pastis of Marseille," born in 1932! "It was already comparative advertising with those characters tossing away rival spirits and cocktails," Michaël Merolli later remarked.

In 1998, the agency launched *"Respectons l'eau"* (Respect water), a campaign targeting young adults. Later, other Young & Rubicam slogans also left their mark: *"Brisons la glace"* (Let's break the ice, 2001), *"Un Ricard, un vrai!"* (A Ricard, a real one!, 2006), *"Ricard, un aperitif un vrai"* (Ricard, a real apéritif, 2008).

un Ricard, sinon rien.

un Ricard, sinon rien.

un Ricard, sinon rien

un Ricard, sinon rien

4.5

*Conçue par l'agence BETC en 2013, la campagne « Jaune avec un grand R »
compte parmi les grands succès médiatiques de l'époque. Trois visuels
mettent en scène la recette du Ricard façon calligramme (hommage
à un recueil de poèmes de Guillaume Apollinaire) en forme de verre ballon,
le premier affichant que « la composition du Ricard est un secret »...
que les deux autres visuels s'empressent de dévoiler (en partie).
Designed by BETC in 2013, the "Jaune avec un grand R" (Yellow with a capital
R) campaign was one of the era's major media successes. Three visuals depict
Ricard's recipe as a calligram (tribute to a collection of poems by Guillaume
Apollinaire) in the shape of a balloon glass. The first states that Ricard's recipe
is a secret, which the other two promptly reveal—at least in part.*

80 ANS ET TOUJOURS JAUNE (2012)

En 2011, une page se tourne. Ricard sollicite l'agence BETC, une filiale du groupe Havas, pour une campagne dont l'enjeu est de taille : la marque va fêter son 80e anniversaire en 2012. Jouant habilement sur sa couleur phare et son état d'esprit, le slogan « 80 ans et toujours jaune » met également en avant la recette à l'origine du succès de la marque qui n'a pas changé. « Ce type de campagne est réservé aux marques qui ont des relations exceptionnellement fortes avec leurs consommateurs d'une part et avec l'ensemble de la société d'autre part », explique alors Rémi Babinet, fondateur de BETC.

L'année suivante, BETC poursuit dans la même veine humoristique en lançant « Jaune avec un grand R », récompensé lui aussi par de nombreux prix. Ricard fait du jaune un véritable état d'esprit mêlant créativité et impertinence. Les visuels célèbrent la recette inventée par Paul Ricard. Chacun d'entre eux emprunte le principe créatif du calligramme, alliant la force et l'impact du traité graphique à l'habileté des mots, tout en convoquant les éléments emblématiques de la marque : le cartouche Ricard, le verre ballon emblématique jaune sur le fond bleu historique.

Par la suite, la campagne est enrichie de trois visuels supplémentaires faisant la part belle, toujours sous la forme du calligramme, aux cocktails Ricard historiques que sont le perroquet, la tomate et la mauresque.

EIGHTY YEARS AND STILL YELLOW (2012)

In 2011, a new chapter began. Ricard turned to the BETC agency, a subsidiary of the Havas group, for a high-stakes campaign: the company was set to celebrate its 80th anniversary the next year. Cleverly playing on its signature color and spirit, the slogan *"80 ans et toujours jaune"* (80 years and still yellow) also highlighted the original recipe behind the brand's success[5], which had never changed. "This kind of campaign is reserved for brands that have exceptionally strong relationships both with their consumers and with society as a whole," explains BETC founder Rémi Babinet.

The following year, BETC continued in the same humorous vein with *"Jaune avec un grand R"* (Yellow with a capital R), which also won numerous awards. Ricard turned "yellow" into a true mindset, blending creativity and cheekiness. The visuals celebrated the recipe invented by Paul Ricard. Each used the creative principle of the calligram (a set of words arranged in such a way that it forms a thematically related image), combining striking graphic design with clever wordplay, while drawing on the brand's iconic elements: the Ricard cartouche, the emblematic yellow balloon glass against its historic blue background.

Later, the campaign was expanded with three additional visuals—also in calligram form—highlighting Ricard's classic cocktails: the *perroquet*, the *tomate*, and the *mauresque*.

[5] The slogan plays on the fact that the French word for yellow—*jaune*—is a near-homophone of the word for young—*jeune*. It thus nods to both the brand's signature color and its lasting youthful spirit.

La COMPOSITION du **RICARD**® EST UN Secret BIEN GARDE MAIS ON PEUT RÉVÉLER celle de L'EAU : c'est → H2O

JAUNE AVEC UN GRAND R

DANS LA
RÉCETTE
DU
RICARD®
la réglisse
vient d'Orient,
l'ANIS
d'Extrême Orient
ET LES
GLAÇONS
du RÉFRIGÉRATEUR.
JAUNE AVEC UN GRAND "R"
L'ABUS D'ALCOOL EST DANGEREUX POUR LA SANTÉ. À CONSOMMER AVEC MODÉRATION.

À Marseille
ON ENTEND DIRE QUE LE
RICARD®
EST COMPOSÉ
de 1345 Plantes
Différentes c'est
PEUT-ÊTRE
un
TANTINET
EXAGÉRÉ

JAUNE AVEC UN GRAND R

Ci-contre : Visuel événementiel «Born in Marseille» pour le 90ᵉ anniversaire de Ricard (2022).
Pages suivantes : À la suite du succès de la campagne «Born à Marseille» en 2020, une saison 2 est lancée en 2024, mettant en avant le caractère intergénérationnel de la marque à travers trois duos de «bartenders» d'âges différents, en double-page suivante Théo et David qui «préparent un Ricard Chez Jeannot», en contrebas de la corniche Kennedy.

Opposite: "Born in Marseille" event visual for Ricard's 90th anniversary (2022). Following pages: After the success of the "Born à Marseille" campaign in 2020, a second season was launched in 2024, highlighting the brand's intergenerational appeal through three pairs of bartenders of different ages. On the next double-page spread, Théo and David are seen "making a Ricard at Chez Jeannot," just below the Kennedy Corniche.

4.6
▬▬

BORN À MARSEILLE (2020-2024)

BORN IN MARSEILLE (2020-2024)

L'année 2020 marque un retour aux sources pour Ricard qui célèbre ses origines marseillaises via une nouvelle plateforme de marque mise en place par l'agence Romance. Avec la plateforme «Born à Marseille», Ricard entend fédérer les générations tout en répondant à un désir d'ancrage dans un terreau local et authentique. «C'est un rêve de publicitaire d'accompagner une marque aussi puissante et sexy que Ricard. Elle a les valeurs de l'époque en elle, l'authenticité et la culture locale que célèbre la campagne» commente Christophe Lichtenstein, président-directeur général de Romance.

Ricard entend s'adresser à plusieurs générations et, partant, s'attache à mettre en œuvre une approche transgénérationnelle. «À travers cette nouvelle plateforme de communication, nous souhaitons pérenniser Ricard comme le leader emblématique de la culture française de l'apéritif», souligne Anne Tremsal, ancienne directrice marketing France Pernod Ricard.

La cité phocéenne, selon l'expression rappelant le passé antique du grand port français sur la Méditerranée, est mobilisée pour inscrire Ricard, à la fois dans un héritage culturel dynamique et un début de XXIᵉ siècle porteur d'avenir. «Marseille est une des rares villes dont la richesse culturelle et la scène artistique rayonnent partout en France et dans le monde» précise Alexandre Hervé, directeur de la création de Romance.

Ce tournant marseillais est également porté par un film digital racontant l'histoire du pastis, ses attaches et ses rituels tout en incarnant la marque à travers trois *«bartenders»* – de Marseille, bien sûr : Alexandre, Léa et Pascal.

The year 2020 marked a return to roots for Ricard, celebrating its Marseille origins through a new brand platform developed with the Romance agency. With the *"Born à Marseille"* (Born in Marseille) platform, Ricard aimed to bring generations together while responding to a desire for grounding in something local and authentic.
"It's an advertiser's dream to work with a brand as powerful and sexy as Ricard. It embodies today's values—authenticity and local culture—which the campaign celebrates," enthuses Romance CEO Christophe Lichtenstein.
Ricard wanted to speak to multiple generations, adopting an explicitly cross-generational approach.
"Through this new communication platform, we want to ensure Ricard remains the iconic leader of France's aperitif culture," explains Anne Tremsal, Pernod Ricard's former marketing director for France.
The "Phocean city"—a term that recalls the ancient roots of France's great Mediterranean port—was central to placing Ricard within both a vibrant cultural heritage and a forward-looking 21st century. "Marseille is one of the rare cities whose rich culture and artistic scene resonate throughout France and around the world," notes Alexandre Hervé, creative director at Romance.
This Marseille-oriented shift was also embodied in a digital film telling the story of the "pastis", its roots and rituals, featuring three bartenders—all, of course, from Marseille: Alexandre, Léa, and Pascal.

*Born à Marseille : Ricard né à Marseille en 1932.
L'ABUS D'ALCOOL EST DANGEREUX POUR LA SANTÉ, À CONSOMMER AVEC MODÉRATION.

236

RIC...
BORN À M...

Théo et David, bartenders, préparent un Ricard Chez Jeannot à Marseille

L'ABUS D'ALCOOL EST DANGEREUX POUR ...

Born à Marseille : Ricard né à Marseille en 1932.

ANTÉ, À CONSOMMER AVEC MODÉRATION.

Le 90ᵉ anniversaire de Ricard célébré en 2022 est l'occasion de décliner la campagne de 2020 qui devient « Ricard Born à Marseille en 1932 ». « Nous avons travaillé autour de l'art optique avec le designer Yorgo Tloupas pour créer un visuel de typographie que nous avons appliqué sur nos supports événementiels, sur la verrerie et sur des coffrets. » Le nouveau slogan, en lettres jaunes sur fond blanc, dessine ainsi la skyline, la ligne d'horizon, de la ville. « Nous cherchons à travailler sur la modernité, avec des designers et l'usage du franglais, tout en ne reniant pas les racines de la marque », commente l'ancien directeur de marque. Le message, « En 90 ans, tout a changé, mais rien n'a changé », se reflète également dans un film digital conçu avec l'agence Romance.
Dédiée à l'apéritif à la française et à la convivialité, une tournée événementielle avec des kiosques-bar et des cafés-hôtels-restaurants partenaires est organisée pour continuer à faire découvrir ce long drink à la française, ambassadeur de l'esprit du Sud.

À la suite du succès de la campagne « Born à Marseille », Ricard a lancé une deuxième édition en 2024. Cette fois-ci, la marque a mis en avant son caractère intergénérationnel, incarné par trois duos de « *bartenders* » d'âges différents. Ainsi, Fred et Nora, Théo et David ainsi que Georges et Taylor sont filmés dans des lieux emblématiques de Marseille : Chez Jeannot au Vallon des Auffes, *La Caravelle* sur le Vieux-Port et *Le Petit Pavillon* sur la Corniche Kennedy. La marque réaffirme ses origines et ses valeurs, bases de son succès depuis 1932 : popularité, fierté, affirmation et solarité. Cette nouvelle campagne relève le défi d'inscrire Ricard dans son époque, le début du XXIᵉ siècle… et au-delà.

Ricard's 90th anniversary in 2022 was an opportunity to extend the 2020 campaign into *"Ricard. Born à Marseille en 1932"* (Ricard. Born in Marseille in 1932).
"We worked with designer Yorgo Tloupas on optical art to create a typographic visual that we applied to our event materials, glassware, and gift boxes," adds the former brand director. The new slogan, in yellow letters on a white background, traces the city's skyline. "We're looking to create something modern, with designers and the use of Franglais, while staying true to the brand's roots."
The message, *"En 90 ans, tout a changé, mais rien n'a changé"* ("In 90 years, everything has changed, but nothing has changed"), also featured in a digital film produced with Romance.
Dedicated to the French aperitif tradition and conviviality, an event tour with bar kiosks and partner cafés, hotels, and restaurants was organized to keep introducing people to this quintessentially French long drink, an ambassador of the spirit of the South.

Following the success of the "Born à Marseille" campaign, Ricard launched a second edition in 2024. This time, the brand highlighted its intergenerational character, embodied by three pairs of bartenders of different ages. Fred and Nora, Théo and David, and Georges and Taylor were filmed in Marseille landmarks: Chez Jeannot at the Vallon des Auffes, La Caravelle on the Old Port, and Le Petit Pavillon on the Corniche Kennedy. The brand reaffirmed its origins and its values—popularity, pride, assertiveness, and sunny warmth—which have been the foundation of its success since 1932. This new campaign takes on the challenge of firmly placing Ricard in its time—the early 21st century… and beyond.

REMERCIEMENTS

Alexandre Ricard, président-directeur général du groupe Pernod Ricard ;

Myrna Giron-Ricard, petite-fille de Paul Ricard à l'initiative de ce projet ;

Jean-Paul Richard, ancien directeur du marketing chez Ricard ;

Colette Barbier, ancienne directrice de la Fondation Ricard pour l'art contemporain ;

Caroline Casta, ancienne responsable du patrimoine et de la documentation chez Ricard France ;

Daniel Bomarito, ancien responsable de l'imprimerie Ricard ;

Philippe Floch, collectionneur d'objets publicitaires Ricard ;

Didier et Clémence Krzentowski, directeurs de la Galerie kreo ;

Jacques Séguéla, publicitaire ;

Yorgo Tloupas, fondateur, Emmanuelle Beaudet et Sophie Hanoun, de l'agence Yorgo&Co ;

Hélène Lathoud, responsable du patrimoine chez Revol ;

Martine Nougarède, ancienne conservatrice en chef du musée du Vieux Nîmes et des Cultures taurines.

ACKNOWLEDGEMENTS

Alexandre Ricard, Chairman and CEO of the Pernod Ricard Group ;

Myrna Giron-Ricard, granddaughter of Paul Ricard, who initiated this project ;

Jean-Paul Richard, former Marketing Director at Ricard ;

Colette Barbier, former Director of the Ricard Foundation for Contemporary Art ;

Caroline Casta, former Head of Heritage and Documentation at Ricard France ;

Daniel Bomarito, former Head of the Ricard printworks ;

Philippe Floch, collector of Ricard promotional items ;

Didier and Clémence Krzentowski, Directors of Galerie kreo ;

Jacques Séguéla, advertising executive ;

Yorgo Tloupas, founder, along with Emmanuelle Beaudet and Sophie Hanoun, of Yorgo&Co ;

Hélène Lathoud, Head of Heritage at Revol ;

Martine Nougarède, former Chief Curator at the Museum of Old Nîmes and of Bullfighting Cultures.

Direction éditoriale : Nicolas de Cointet

Direction artistique : Franklin Labbé

Mise en page : Alexandra Roucheray

Traduction en anglais : Anthony Morland

Correction : Pierre Rochelois

Fabrication : Alix Willaert

Photogravure : Apex Graphic – Groupe Printway

Imprimé et façonné en Espagne par Indice

ISBN : 9782226500007

© Albin Michel 2025, dépôt légal : octobre 2025

Éditions Albin Michel, 22 rue Huyghens, 75014 Paris

www.albin-michel.fr

Instagram : albinmichel_beauxlivres

Linkedin : @Albin_ArtBooks

TikTok : @albin_artbooks

Facebook : @AlbinMichel.beauxlivres

X : @Albin_ArtBooks

Catalogue : bit.ly/extraits-beaux-livres